APPLAUSE

ENGLISH LOGIC AND EXPRESSION Ⅲ

ワークブック

解答・解説

開隆堂

LESSON 1　(pp.4-9)
予定／意図／確信／希望・願望

STEP 1　基本問題

❶1 (1) We are going to go to Okinawa in August.
(2) The movie starts at four fifty in the afternoon.
(3) He is coming to my house tomorrow.
2 今日は2時間で仕事を終えるつもりです。

解説

❶1 (1) 予定していたことや，計画していたことについて表すときはbe going toを用いる。
(2) イベントのスケジュールや交通機関の運行時刻など，公的なタイムテーブルに基づく未来は現在形で表す。
(3) 確実性の高い予定は現在進行形で表すことができる。

❷1 (1) I decided to work part-time on weekends.
(2) Do you mean to live in New York alone?
(3) I intend to sell this car.
(4) I'm thinking of taking my sister to the park.
2 本当のことを言わないのなら，私はあなたを助けてあげません。

解説

❷1 (1) 「～することを決心する」はdecide to ～で表す。
(2) mean to ～には「～するつもりだ」という意味がある。
(3) intend to ～はmean to ～同様，意図を表す。
(4) think of ～ingは「～することを考える，しようと思う」という意味。
2 will notは「～するつもりはない」という意志を表す。

❸1 (1) It's certain that this store will be closed by the end of the year.
(2) I am not sure that he speaks French.
(3) I have no doubt that the experiment will be successful.
(4) It is no wonder that she got angry.
2 彼女がこの手紙を書いたのは確かですか。

解説

❸1 (1)(2) 「きっと～だ」「～を確信している」はIt's certain that ～. やbe sure that ～で表す。
(3) have no doubt that ～はthat以下の内容に疑いのないときに用いる。
(4) 「～は不思議ではない，無理もない」はIt is no wonder that ～. で表す。

❹1 (1) I'd rather have cocoa than coffee.
(2) Would you like to ski in Nagano?
(3) I wish I could speak German.
(4) I'm looking forward to traveling with you.
2 休暇はどこに行きたいですか。

解説

❹1 (1) would rather ～ A than B「BよりもAを～したい」AとBを入れ違えないように注意。
(2) Would you like to ～?「～したいですか」
(3) 仮定法過去の用法。I wish I could ～. は「(今)～できればいいのに」という現実とは反対の願望を表す。
(4) look forward to ～は「～を楽しみにする」という意味。

STEP 2　実践問題

1 (1) opens　(2) to stop
(3) will not　(4) Do you have
(5) to see　(6) Are　(7) Would
(8) is　(9) like　(10) Will

解説

1 (1)「その店は毎週日曜日営業しています。」
(2)「私はクラブ活動を休止するつもりでした。」
(3)「私はそのことをだれにも話しません。」
(4) have doubt(s) that ～「～という疑いを持つ」 that は同格を表す。「彼は約束を守るでしょうか。」
(5)「今晩映画を見るつもりでしたが，行く時間がありません。」
(6) sure は形容詞。〈SVC + that 節〉の文。「私のネコがあなたの魚を食べたという確信がありますか。」
(7)「ホテルよりも私の家に泊まりたいですか。」
(10) Will you ～？「～してくれませんか」「もう一度チャンスをくれませんか。」

2 (1) I wish I could swim with dolphins.
(2) We decided to leave town in March.
(3) It is certain that it will snow tomorrow.
(4) Are you going to study abroad in September?
(5) I would rather eat at home today than eat out.
(6) I have no doubt that he is injured.
(7) I am thinking of joining[that I'll join] a *shogi* club on Friday nights.
(8) I'm looking forward to staying with you.

解説

2 (1) 仮定法過去「～だといいのに」の文。「イルカと泳ぐことができればいいのに。」
(2)「私たちは3月に町を離れることにしました。」
(3)「きっと明日は雪が降るでしょう。」
(4)「～する予定[つもり]です」を表す be going to ～の疑問文。
(5)「今日は外食するよりも家で食べたい。」
(6)「彼がけがをしていると私は確信しています。」
(7) think of ～ ing「～しようと思う」「私は金曜日の夜の将棋クラブに参加しようと思っています。」
(8) look forward to ～ ing「～することを楽しみにする」

3 (1) will do　(2) Are, that
(3) wish, were[was]
(4) to change[switch]　(5) like to
(6) to be

解説

3 (1) will は「～するつもりだ」という話し手の意志を表す。
(3) 仮定法過去の文の be 動詞は正式には were を使うが，was も使われる。
(6) There is going to be ～.「～がある予定だ」

4 (1) have no doubt that she agrees
(2) I'm looking forward to walking on
(3) is thinking of saving money for
(4) We are having a meeting on Monday
(5) It's certain that he will bring
(6) I'd rather go hiking than fishing

解説

4 (4) すでに決定していて，準備や手配が進められている未来の予定は現在進行形で表すことができる。

STEP 3　まとめ問題

1 (1) I didn't intend to do such a thing.
(別解) I had no intention of doing something like that.

(2) She is going to learn programming at university.

解説

1 (1) 〈intend to＋動詞の原形〉を使う。

(2)「大学で」は at (the) university, in college など。

2 (1) Ben would rather climb a mountain than

(2) I'll tell[show] you the way to the station

解説

2 (1) 〈would rather＋動詞の原形 ～ than＋動詞の原形 ...〉の形に注意。

(2)「駅までの道順を私があなたに示します」を，意志を表す will を使って英語にする。「(人)に～への道順を示す」は〈tell [show]＋人＋the way to ～〉。

3 (1) The next show starts[will start] at two.

(2) It's certain[I'm sure] that they will become popular comedians.

(別解) They will surely become popular comedians.

解説

3 (1) ショーの開始時刻はたいていの場合固定されているので，未来のことでも現在形で表すことができる。

(2) It's certain that ～. や I'm sure that ～. などを使う。

4 (例) I was looking forward to having the last piece of apple pie for tea time. A few moments ago, I noticed it was missing. I had no doubt that my brother Riki had eaten it. But he said, "I didn't eat it. I wish you would believe me." It's no wonder he got upset. Our grandpa ate it. I am thinking of buying Riki some ice cream as an apology.

解説

4
- I had no doubt that は I was sure that でもよい。
- It's no wonder (that) ～.「～は当然だ」口語では It's は省略可。

LISTENING

(1) Would you like to go to see a movie with me

(2) I will participate in club activities during the holidays

(3) The regional tennis competition is held this coming June

(4) I would really like to go with you

(5) I hope that you will get a good result

(6) I'm sure I can go with you then

(7) I'm looking forward to going out to see a movie

LESSON 2 (pp.10-15)
好き・嫌い／得意・不得意／個人的感想

STEP 1 基本問題

❶1 (1) I prefer hiking to swimming in the ocean.
(2) He is a big fan of ice hockey.
(3) What's your favorite dish?
(4) Fabre was fond of insects.
2 あなたは春と秋のどちらが好きですか。

解説

❶1 (1)「…よりも～したい[することが好きだ]」は prefer ～ to ...で表す。
(2)「～が大好きだ，～の大ファンである」は be a big fan of ～で表す。
(3) favorite は like ～ the best とほぼ同じ意味を持つ。
(4) be fond of ～は「～が大好きである」という意味。

❷1 (1) I dislike riding on crowded trains.
(2) I do not care for Japanese sweets.
(3) I do not like horror movies.
2 私は人前で話すことが苦手です。

解説

❷1 (1) dislike は「～が嫌いである」という意味。
(2) 遠まわしに「～は好きではない」というときは don't care for ～で表す。
2 It's hard for me to ～. には「私は～するのが苦手である」の意味もある。

❸1 (1) Are you good at drawing pictures?
(2) Economics is his best subject.
(3) Her most attractive point is her gentleness.
2 私は歌ったり踊ったりすることに自信がありません。

解説

❸1 (1)「～することが得意である」は be good at ～ ing。
(2) *one's* best subject は「得意科目」。
(3) *one's* most attractive point は「チャームポイント，いちばんの魅力」という意味を表す。
2 be confident in ～ [～ing]は「～[～すること]に自信がある」という意味。

❹1 (1) Do you think students should have classes on Saturdays?
(2) It seems to me that she's a good coach.
(3) Please let me know your opinion about this.
(4) To be honest, you should study French more.
2 私の意見では，コミュニティーバスはもっと頻繁に利用されるべきです。

解説

❹1 (2) It seems to me that ～. は「私には～のように見える[思われる]」という意味。
(3) let me know your opinion は「あなたの意見をお聞かせください」を意味する。
(4) To be honest は文全体にかかる修飾語句。

STEP 2 実践問題

1 (1) of (2) let (3) best
(4) dislike (5) to make (6) In
(7) It (8) for (9) attractive
(10) that

解説

1 (1)「彼らはマイケル・ジャクソンの大ファンでした。」
(2)「私にあなたの考えを教えてください。」
(3)「クリームシチューは彼の得意料理の 1 つです。」

(4) don't dislike は「嫌いではない」という意味。「私は夜更かしは好きですが早起きは好きではありません。」

(5)「私はすぐに決断するのが苦手です。」

(6)「私の意見では，学生はもっと家庭学習をするべきです。」

(7)「私には彼がかつては医者であったように思われます。」

(8)「私はそのようなタイプの音楽は好きではありません。」

(9)「この種の犬のいちばんの魅力は賢さです。」

(10)「私は，その階段は写真を撮るための[撮るのに適した]場所ではないと思います。」

2 (1) I'm not good at talking to people at parties.

(2) I prefer running a restaurant to working for a company.

(3) I am not confident in my English ability.

(4) To be honest, I don't understand her works of art at all.

(5) The children were fond of picking the fish for this pond.

(6) Please share your opinion with me [let me know your opinion] about my paper.

(7) Who's your favorite American movie actor?

(8) Turn down the TV volume. I don't care for loud music.

解説

2 (1) at は前置詞なので後ろにくる動詞は -ing 形。「私はパーティーで人と話すことが得意ではありません。」

(2) prefer ～ to ...「…よりも～を好む」「私は会社勤めよりもレストランを経営したいです。」

(3) have のあとには名詞である confidence がくる。形容詞 confident を使う場合は be confident in ～の形になる。「私は自分の英語力に自信がありません。」

(4)「正直なところ，私には彼女の美術作品がまったく理解できません。」

(5)「その子どもたちは，この池の魚を捕まえることが好きでした。」

(6) share は SVOO の形をとらない。「私の論文についてあなたの意見をお聞かせください。」

(7)「あなたが大好きなアメリカの映画俳優はだれですか。」

(8)「テレビの音量を下げてください。私は大音響の音楽は好きではありません。」

3 (1) In, opinion

(2) my best

(3) doesn't care

(4) To, honest

(5) fan of

(6) Do, think[believe]

解説

3 (3) care for ～には「～の世話をする」(= take care of ～)の意味もある。

4 (1) I'm not good at keeping a diary

(2) What is the most attractive point of

(3) It seems to me that she

(4) Players prefer wearing blue uniforms to white ones

(5) We are confident about winning today's

(6) It's hard for me to make

解説

4 (1) be good at ～の否定文。

STEP 3　まとめ問題

1 (1) He was (very) fond of taking pictures [photos] of wildlife.
(2) It seems to me that she is right.

解説

1 (1) be fond of ～を使って表す。
(2) It seems to me that ～ . を使う。

2 (1) Do you think (that) students should do volunteer work
(2) Let me know your opinion

解説

2 (2)「あなたの意見をお聞かせください」の部分を英語にする。解答例以外に Please tell[give] me your opinion / Please share your opinion with me などの表現を使うこともできる。

3 (1) To be honest, the food he makes [cooks] is not good.
(2) Scuba diving is their best sport.
(別解) Scuba diving is the sport they do best.

解説

3 (1) To be honest は Honestly (speaking), Frankly (speaking)に言いかえることもできる。

4 (例)
A: I am good at (playing the) piano and am confident in performing it in front of others. I would like to try the street piano. There are many opinions about the street piano. What is your honest opinion about it?
B: In my opinion, there should be fewer street pianos. Some people are healed by the sound of them, but others seem to find it annoying. Public places should not be places where only some people are satisfied.

解説

4 A・「～が得意である」be good at ～
・「～する自信がある」be confident in ～ing は have confidence in ～ing で表すこともできる。
・「人前で」は in public でもよい。
・「あなたの率直な意見は？」は let me know your honest opinion でもよい。
B・In my opinion は I think ～としてもよい。
・annoying「いらいらさせる，うっとうしい」

訳 *A:* 私はピアノ(を弾くこと)が得意で，人前で演奏することに自信があります。街角ピアノに挑戦してみたいと思っています。街角ピアノについては，いろいろな意見があります。あなたの率直な意見を教えてください。
B: 私見ですが，街角ピアノはもっと少なくていいと思います。その音に癒される人もいれば，うるさいと感じる人もいるようです。公共の場は，一部の人だけが満足する場所であってはなりません。

LISTENING

(1) Which do you prefer
(2) I prefer an enjoyable job
(3) I don't care much about money
(4) I think it would be wonderful
(5) in my opinion
(6) It seems to me that everyone should decide for themselves

LESSON 3 (pp.16-21)
提案・助言／必要性・義務／勧誘／受諾・辞退

STEP 1　基本問題

❶1 (1) I think you should see a doctor.
(2) I suggest we should stay at another hotel.
(3) Why don't you ask him directly?
(4) I advise you to walk for 30 minutes every morning.
2 学生に夏期講習の受講を推奨しています。

解説

❶1 (1) 〈I think＋S＋V ～.〉「私は～だと思う」「医者に診てもらう」は see a doctor で表す。
(2) 〈I suggest＋S＋should＋動詞の原形 ～.〉は「～することを提案する」を意味する。
(3) Why don't you ～？は「～したらどうですか」という提案や助言を表す。
(4) 〈I advise＋人＋to＋動詞の原形 ～.〉は「～することをおすすめします」と助言するときに用いる表現。
2 「～することをすすめる」という意味で用いるときの recommend は，〈人＋be 動詞＋recommended to＋動詞の原形〉の受動態にする。

❷1 (1) You have to lock the door at night.
(2) Today's meeting must be finished by 4:00 p.m.
(3) Students are supposed to write a paper once a month.
2 スタッフ全員が健康診断を受ける必要があります。

解説

❷1 (1) have to ～「～しなければならない」
(2) must「～しなければならない」を使った受動態。〈must be＋過去分詞〉で表す。
(3) 規則やルールで決められていることについて「～することになっている」と言うときは，be supposed to ～で表す。
2 「～は…することが必要だ」は〈It's necessary for＋人＋to＋動詞の原形.〉で表す。

❸1 (1) How about going cycling tomorrow?
(2) Why don't we go back together?
(3) Would you like to have some cheesecake?
2 彼らを夕食に招待しましょうか。

解説

❸1 (1) 「～はどうですか」と提案したり誘ったりするときの表現。
(2) Why don't we ～？は「～しましょうよ」と一緒に何かすることを誘うときの表現。
(3) Would you like to ～？は「～したいですか」「～しませんか」という意味で，Do you want to ～？よりも控えめな表現。
2 Shall we ～？は話し手と聞き手が一緒に何かをすることを提案するときの表現。

❹1 (1) That's a good idea.
(2) I'm afraid I cannot help you.
(3) Unfortunately, I cannot attend this time.
(4) I wish I could be with you.
2 それはありがたいです。

解説

❹1 (1) ある提案について賛成の意を表すときに用いる。
(2) I'm afraid ～. は，相手の誘いを断るときや，相手の意見に同意できないときなどに用いられる表現。「残念ながら～です」「申し訳ありませんが～です」といったていねいな言い回しになる。

(3) unfortunately は「残念ながら～だ」「あいにく～できない」という意味を付け加える。

2 相手の申し出に対して「それはありがたいです。」と言ったり，誘いに対して「それはいいですね。」と応じたりするときの表現。great 以外に nice，fine，wonderful などを使うこともできる。

STEP 2　実践問題

1 (1) don't we, like to
(2) must, opened
(3) am afraid, could join
(4) don't you
(5) It's, to wash

解説

1 (1)「今週末に一緒にコンサートに行きましょう。」「一緒に～しましょう」と誘うときの表現。
(2)「門は朝 7 時に開けられなければなりません。」must を使った受動態に書きかえる。
(3)「残念ながらあなたのチームに入ることはできません。」相手からの誘いを遠まわしに断るときの表現。
(4)「彼女に電話したらどうですか。」提案・助言するときの表現。
(5)「食事の前に手を洗う必要があります。」

2 (1) I advise you not to eat too much oily food.
(2) I suggest that he (should) make a speech.
(3) I have to get up at six.
(4) Would you like to have some ice cream?
(5) You are supposed to wear your uniform for the ceremony.
(6) How about painting the walls?

解説

2 (1)「脂っこいものを食べすぎないほうがよいですよ。」〈advise＋人＋not to＋動詞の原形〉の語順に注意する。
(2)「彼がスピーチをすることを提案します。」he のあとの動詞は〈should＋原形〉または原形。
(3)「私は 6 時に起きなければなりません。」
(4)「アイスクリームはいかがですか。」
(5)「あなた(たち)は，式典では制服を着ることになっています。」be supposed to ～の表現。
(6)「壁にペンキを塗ったらどうですか。」How about のあとの動詞は -ing 形。

3 (1) love to
(2) are supposed
(3) better stay
(4) How about
(5) must be
(6) Unfortunately [Regrettably]

解説

3 (3)〈had better＋動詞の原形〉は「必ず～したほうがよい」という強い助言を表す。
(5) must を使って義務を表す。

4 (1) I'm afraid I don't have time
(2) It's necessary for you to check
(3) I suggest we take the Shinkansen to
(4) think you should tour the remote islands in
(5) I advise you not to care
(6) Would you like to visit a new

解説

4 (3) take の前の should が省略された文。
(5)〈not to＋動詞の原形〉の語順に注意。

STEP 3　まとめ問題

1 (1) I think we should[We advise you to] postpone this project.
(2) In my town, we are supposed to do service work in the spring.
(3) I wish I had known about the party sooner[earlier].
(4) How about going to Ueno to see the cherry blossoms?

解説

1 (2) be supposed to ～を使って表す。in my town は文末に置いてもよい。
(3) 仮定法過去完了の文なので know を過去分詞にする。
(4) to Ueno は文末でもよい。

2 (1) necessary for all (the) dogs to
(2) advised me[gave me advice] to study early in the morning

解説

2 (1) 〈It's necessary for ～＋to＋動詞の原形.〉を使う。
(2) 〈advise＋人＋to＋動詞の原形〉を使う。

3 (例)Cheer up. You don't have to think about the game you lost. You all really did your best, but it's necessary for each player to improve his[her] skills. I suggest you change the way you practice. Teamwork and communication have to be emphasized. Talk about it in meetings. Anyway, why don't you relax and watch a movie today?

解説

3 ・「技術を改善する」improve *one's* skills
・「～を大切にする」emphasize
提案する表現
・I think you should ～.
・I suggest you should ～.
・I advise you to ～.
・You had better ～.
・How about ～ ing?
・Why don't you ～?

訳　元気を出して。負けた試合のことは考えなくていいんだよ。あなたたち全員は本当にベストを尽くしたが，各選手は自分の技術を向上させる必要がある。練習方法を変えたらどうだろう。チームワークとコミュニケーションが大切にされなければならない。ミーティングのときに話し合ってみて。とにかく，今日はリラックスして映画でも見たらどうだろう。

LISTENING

(1) tourists are recommended to take
(2) That's a good idea
(3) it's good for us to consider
(4) How about going there

LESSON 4　(pp.22-27)
依頼・要請／許可

STEP 1　基本問題

❶ 1 (1) Can you pass me the salt?
(2) Will someone help me pick up trash?
(3) Would you call a taxi for me?
(4) Could I ask you to post the letter?
(5) I wonder if you could arrange for lunch.
(6) Would you mind watering the flowers?
(7) I would appreciate it if you could let me know.
2 (1) 1曲ご披露願えませんか。
(2) 私の質問にお答えいただけるとありがたいのですが。
(3) 席を(別のところに)変わっていただけないでしょうか。

解説

❶ 1 (1) Can you ～?「～してくれませんか[してください]」
(2) Will someone ～?「だれか～してください」「(人)が～するのを手伝う」は〈help＋人(＋to)＋動詞の原形〉で表す。
(3) Would you ～? は Will you ～? よりもていねいな表現。
(4) Could I ～? は Can I ～? よりもていねいな表現。〈ask＋人＋to＋動詞の原形〉「(人)に～することを頼む」が使われた文。
(5) I wonder if you could ～. は直訳すると「あなたが～してくれるかどうかと思っているのですが」。「～していただけるでしょうか」とていねいに頼みごとをするときの表現。
(6) Would you mind ～ing?「～していただけませんか」と依頼するときに用いる表現。直訳すると「あなたは(あなたが)～することが嫌ですか」という意味になる。
(7) I would appreciate it if you could ～.「～していただけるとありがたいです[幸いです]」とていねいに依頼するときに用いる。it は仮の O で if 以下をさす。この文は仮定法で，直訳すると「もしあなたが～してくださるのなら，私はそれに感謝するでしょう」という意味を表す。
2 (1) ていねいに依頼するときの表現。
(3) 相手に席を変わるように依頼している。

❷ 1 (1) Can I borrow your dictionary?
(2) May I ask your name, please?
(3) Could I take a day off tomorrow?
(4) You can use my pen if you like.
(5) Do you mind if I turn on the radio?
(6) You aren't allowed to take pictures in the museum.
2 (1) 昼休みにあなたを訪ねてもよろしいですか。
(2) 車に同乗させていただいてもよろしいですか。
(3) 公園に食べ物を持ち込むことはできません。
(4) よかったらどうぞ。

解説

❷ 1 (1) Can I ～?「～してもよいですか」
(2) May I ～?「～してもよろしいですか」
(3) Could I ～? は Can I ～? よりもていねいな表現。「休みをとる」は take a day off と言う。
(4) 許可を表す can の用法。
(5) Do you mind if ～? は直訳すると「もし(人)が～したらあなたは嫌ですか」という意味。「～してもよろしいですか」と許可を求めるときに用いる表現である。「いいですよ。どうぞ。」と答えるときはNo(, I don't mind). になるので注意が必要。

(6) be allowed to ～は「～してもよい，～できる」と許可するときの表現。「(人)が～するのを許す」を意味する〈allow＋人＋to＋動詞の原形〉の受動態。

2 (2) have a ride in *one's* car「～の車に乗せてもらう，便乗する」

STEP 2　実践問題

1 (1) Could you　(2) could
(3) mind　(4) aren't allowed
(5) Could I　(6) wonder
(7) May I　(8) if
(9) possibly

解説

1 (1)「お願いがあるのですが。」
(2)「あなたのスケジュールを私に教えていただければ幸いです。」
(3)「ドアを閉めてもよろしいですか。」
(4)「上映中は部屋に入ることができません。」
(5)「ご家族についてお聞きしてもよろしいでしょうか。」
(6)「あなたとご一緒させていただけないでしょうか。」
(7)「その情報をあなたに教えてもよろしいですか。」
(8)「ここに自転車をとめてもよろしいですか。」
(9) Can you possibly ～? はお願いするときの表現。「手伝ってもらえないでしょうか。」

2 (1) Do you mind walking my dogs?
(2) May[Can / Could] I go home now?
(3) Would you mind if I borrowed your racket?
(4) Could you bring me some tea?
(5) You aren't allowed to answer your cell phone during the meeting.
(6) We'd appreciate it if you would sign up on the web.

解説

2 (1) mind のあとにくる動詞は -ing 形。「私の犬を散歩させてくださいませんか。」
(2) Shall I ～? は「～しましょうか」と申し出るときの表現。許可を求める表現にする。「もう帰宅してもいいですか。」
(3) 接続詞 if のあとには〈S＋V〉がくる。仮定法過去に注意。「あなたのラケットをお借りしてもよろしいですか。」
(4)「お茶を持ってきてくださいませんか。」
(5) be allowed to ～の文。「会議中の携帯電話への応答は認められていません。」
(6) appreciate の対象は相手 you ではなく if 以下で，仮の O(it) で受ける。「ウェブから登録していただけると幸いです。」

3 (1) Could[Would] you
(2) Allow me
(3) Will[Can] you
(4) mind, I
(5) Can[May / Could], to
(6) Would[Will], to

解説

3 (6) 電話で取り次ぎをお願いするときなどの表現。

4 (1) would appreciate it if you could
(2) Can someone please carry this stone to
(3) Do you mind introducing yourself at
(4) Can I meet you at the station
(5) You can take this umbrella if
(6) I wonder if you could make

解説

4 (1) would と could の位置に注意。

(3)「自己紹介する」は introduce *oneself*。
(4) you と I の位置に注意。
(6)「スピーチする」は make a speech。

STEP 3 まとめ問題

1 (1) Can I take this book home?
(2) Do[Would] you mind turning off the light(s) in the room?
(3) Guests aren't allowed[It's not allowed for the guests] to go out after 10 p.m.

解説

1 (1) 特にていねいな表現を用いる必要はない。Can[May] I 〜? を使って表す。「〜を家へ持ち帰る」は take 〜 (back) home。
(2) mind があるので Do[Would] you mind 〜 ing ...? を使って表す。「部屋の電灯を消す」は turn off the light(s) in the room。
(3) guests を主語にして be allowed to 〜を使って表す。

2 (1) would appreciate it if you could [would]
(2) can take[have] this seat if you (would)
(別解) can sit here[sit on this chair] if you (would)

解説

2 (2)「席に座る」は take[have] a seat で表す。

3 (例) How are you, Mr. Brown? I am Tanaka Yukie. I was in your English class at Jonan High School in 1994. Now, 30 years have passed since we graduated from Jonan High School. On this occasion, we have decided to hold a reunion on August 13 at the Takada Prince Hotel. We understand that you are busy, but would you kindly make every effort to attend the reunion? We will send you an invitation postcard later. We would appreciate it if you could send us the attached reply card by May 31. We sincerely look forward to your attendance.

解説

3 ・Would you kindly make every effort to attend the reunion? 出席を依頼するていねいな表現。
・We would appreciate it if you could send us the attached reply card by May 31. 返信用ハガキの送付を促すていねいな表現。

訳 ブラウン先生，お元気ですか。私は田中幸恵です。1994 年に城南高校であなたの英語のクラスにいました。さて，私たちが高校を卒業してから 30 年が経ちました。これを機に，8 月 13 日に高田プリンスホテルで同窓会を開催することになりました。ご多忙とは存じますが，是非ともご出席くださいますようお願い申し上げます。後日，案内ハガキをお送りいたします。つきましては，5 月 31 日までに同封の返信用ハガキをお送りいただければ幸いです。先生のご出席を心よりお待ち申し上げております。

LISTENING

(1) Could you do me a favor
(2) I wonder if you could
(3) students can present different opinions
(4) Can you help me create
(5) you can count on me

LESSON 5 (pp.28-33)
感謝／祝福・喜び／同情／心配・懸念

STEP 1 基本問題

❶1 (1) Thank you for your kindness.
(2) I appreciate your advice.
(3) I am grateful to the nurses.
(4) It's kind of you to deliver my umbrella.
2 友人らの支援に感謝しています。

解説

❶1 (1) Thank you for ～.「～をありがとう」
(2) appreciate は thank よりもフォーマルな表現。目的語には「人」ではなく「もの，こと」を表す語句がくる。
(3) 〈be grateful to＋(人)＋for＋(内容)〉の形に注意する。「～のことを…に感謝する」
(4) 相手の好意に対して It's kind of you to ～.「～してくださってありがとう」と言うときの表現。

❷1 (1) Congratulations on getting a new job.
(2) I'm happy for you.
(3) She is delighted at his success.
2 喜んであなたのお手伝いをしましょう。

解説

❷1 (1) Congratulations on ～.「～おめでとう」入学・卒業・就職・結婚などを祝福するときの決まり文句。
(2) 何か嬉しいことがあった相手を祝福するときの表現。
(3) be delighted at ～「～に[を]喜んでいる」
2 be delighted to ～「喜んで～する」

❸1 (1) I'm sorry to know that.
(2) It must have been tough.
(3) My thoughts are with you.
(4) I cannot imagine your sadness.
2 (1) この図書館が閉鎖するとは残念です。
(2) 私にできることがあれば，すぐに伺います。

解説

❸1 (1) be sorry to ～は「～して気の毒に思う」という「同情」の意味を表す。
(2)「それは大変でしたね。」「辛かったでしょう。」と言うときの決まり文句。
(3) お見舞いやお悔みを言うときの決まり文句。
(4) 相手の辛さや悲しみを思いやり，寄り添うときにかけることば。
2 (1) It's a shame that ～. は「～なのは残念だ」と言うときの表現。この場合の shame に「恥」「不名誉」という意味はない。
(2) I can do のあとに to help you[for you] が入ることもある。

❹1 (1) She's worried about her paper.
(2) I'm concerned for your health.
(3) There is concern that we will have water shortages this summer.
2 母は電気代のことを心配しています。

解説

❹1 (1) be worried about ～「～を(今)心配している」試験の結果，その日の体調など，特定のことを一時的に心配しているときに用いる。
(2) be concerned for[about] ～「～のことを心配している」周囲の人や一般的なことがら，社会情勢などを心配するときに用いる。
(3) この concern は名詞。心配ごとや懸念があるときに用いる。that は concern の内容を説明する同格の名詞節を導く。

STEP 2　実践問題

1 (1) on　(2) worrying
(3) appreciate　(4) There is
(5) for　(6) It is
(7) of　(8) with you
(9) concerned　(10) to hear

解説

1 (1)「優勝おめでとうございます。」
(2)「彼は心配性です。」
(3)「お気遣いありがとうございます。」
(4) There is concern that ～.「～という懸念がある」that は同格を表す。「きれいな水が手に入らないかもしれないという懸念があります。」
(5)「掃除を手伝ってくれてありがとう。」
(6)「彼がパーティーに来ることができないのは残念です。」
(7)「かばんを運んでくださってご親切にありがとうございます。」
(9)「彼女はあなたの将来を心配しています。」

2 (1) We are grateful to Mary for her tennis instruction.
(2) I'm sorry to hear about your car accident.
(3) It's an honor[I'm honored] to be with you.
(4) He was delighted to see his grandchildren.
(5) We are concerned[There is concern] that there may be a problem with the engine.
(6) I appreciate your message.
(7) I'm glad (that) you are out of the hospital.
(8) Thanks to your advice, I completed the work.

解説

2 (1)〈be grateful to＋(人)＋for＋(内容)〉の文。「私たちはメアリーがテニスの指導をしてくれたことに感謝しています。」
(2)「交通事故の件，大変でしたね。」
(3) It's an honor to ～. は「～することができて光栄だ」という意味の文。「ご一緒できて光栄です。」
(4) 主語が「人」のときは be delighted to ～の形で表す。「彼は孫に会うことができて喜んでいました。」
(5) be concerned that ～は「that 以下のことを懸念する」という意味。「エンジンに問題があるのではと懸念しています。」
(6)「メッセージをありがとうございました。」
(7)「退院できてよかったですね。」
(8) thanks to ～は「～のおかげで」を意味する。「あなたの助言のおかげで仕事を終えることができました。」

3 (1) That's, bad　(2) I wish
(3) It's, of　(4) Her concern
(5) It's, shame[pity]　(6) have had

解説

3 (1) That's too bad.「それはいけませんね。」「大変だね。」は同情を表すことばだが，逆に同情しないときにも使われるため，要注意。
(2) wish には「(幸運や成功など)を祈る」という意味がある。
(6)〈must have＋過去分詞〉は「～だったに違いない」という過去に対する推量を表す。

4 (1) I can imagine how you feel
(2) I'm happy to hear you won
(3) She is always proud of her sons
(4) There's concern that video games could be
(5) there anything I can do to
(6) Is it OK to do that

解説

4 (3) be proud of ～「～を誇りに思う」

STEP 3　まとめ問題

1 What are you worried [worrying] about?

解説

1 be worried about と worry about のどちらを使ってもよい。

2 (1) Congratulations on going to
(2) I'm sorry to hear about

解説

2 (2) (別解) You must have had a tough time with

3 (1) Thank you for everything.
(2) It's a shame [pity] that she isn't here. / I'm sorry that she isn't here.

解説

3 (1) (別解) I appreciate everything you have done for me.
(2) (別解) I wish she were here.

4 (例) *Tim:* Hi, Rina. Did your English interview go well?
Rina: It did. I appreciate your advice on what to say. I think I will definitely pass.
Tim: I'm happy for you. By the way, I'm having a BBQ party on August 11, and you have to come. It's a holiday, so many of my friends will be there.
Rina: Umm... I'm not sure if they will. There's a local fireworks show that day. I am concerned that your friends might rather go there than to your party because it's one of the most popular events in this city.
Tim: Oh, I didn't even think about that! Thanks for letting me know. Well then, I'll change my plan. Would you like to go see the fireworks together?
Rina: I'd love to.

解説

4 ・感謝の気持ちは Thank you for ～. / I appreciate ～. / I'm grateful to ～ for ... などで表す。
・懸念は There is concern that ～. / I'm concerned for ～. などで表す。

訳　ティム：やあ，リナ。英語の面接はうまくいった？
リナ：うまくいったわよ。あなたが話し方のアドバイスをしてくれて感謝しているわ。絶対合格できると思うわ。
ティム：よかったね。ところで，8 月 11 日に BBQ パーティーをやるから，来てね。祝日だから，友だちもたくさん来るよ。
リナ：うーん，来るかなあ。その日は地元の花火大会があるのよ。この街で最も人気のあるイベントの一つだから，あなたの友だちがパーティーよりも花火大会に行きたいんじゃないかと心配してるわ。
ティム：ああ，そんなこと考えもしなかったよ！ 教えてくれてありがとう。それじゃ，計画を変更するよ。一緒に花火を見に行かない？
リナ：ぜひ。

LISTENING

(1) to express my gratitude for our friendship in Japanese
(2) I'm very proud of Megan's efforts to improve her Japanese
(3) I'm grateful we can keep in touch by email and video calls

LESSON 6 (pp.34-39)
苦情／謝罪／譲歩

STEP 1 基本問題

❶1 (1) I'm not happy with her answer.
(2) There is something wrong with this cleaner.
(3) It's disappointing that he lied.
2 アリスはどうかしたのですか。

解説

❶1 (1) be not happy with ～は「～が気に入らない」という意味を表す。
(2) There is something wrong with ～.「～の調子がよくない」という意味で，電気製品や機械などの具合が悪いときによく用いられる。
(3) disappointing は「がっかりさせる，期待はずれの」という意味の形容詞。
2 Is there something wrong with ～? 疑問文であるが，「人」について「いつもと様子が違う，どこかおかしい」と感じている。

❷1 (1) I apologize for giving you the wrong information.
(2) It was my fault that they were late.
(3) Please accept my apologies for the delay in processing.
2 申し訳ありません，人違いでした。

解説

❷1 (1) apologize for ～「～を申し訳ありません」for のあとには「人」ではなく謝罪の対象となる「ことがら」がくる。
(2) 責任の所在について「～のせいだ，～に責任がある」は *one's* fault を用いる。
(3) この apologies は名詞 apology「謝罪，弁明」の複数形。accept *one's* apologies は「～の謝罪を受け入れる」を意味する。

❸1 (1) Although it was raining, he did not take his umbrella with him.
(2) Though it is winter, he often goes to the beach.
(3) Even though it was his day off, my father went to work.
(4) Even if she has a fever, she will be in the game.
(5) However expensive they are, their cakes sell well.
2 (1) 彼が賢かったとしても，この謎は解けないでしょう。
(2) 少々古いですが，このパンを食べることはできます[食べてもよいですよ]。
(3) 毎日散歩させているのに，私の犬は太っています。
(4) 明日から試験だというのに，今日はまた遅くまでテレビを見てしまいました。
(5) どれだけ美しくても，その花は造花にすぎません。

解説

❸1 (1) although は「～だけれども」「～にもかかわらず」という譲歩を表す。
(2) though は「～ではあるが」という譲歩を表す。
(3)(4) even though のあとには事実に基づいた内容が続き，「～だけれども，～にもかかわらず」という意味になる。even if「たとえ～だとしても」のあとには仮定の内容が続く。
(5) however は譲歩を表す副詞節を導く。〈however＋形容詞／副詞＋S＋V〉は「どれほど～であっても／どんなに～しても」という意味を表す。
2 (1) he is smart を仮定の状況であるとするために，even if を使って表す。
(5) 〈no matter how＋形容詞／副詞＋S＋

V〉は譲歩を表す副詞節。

STEP 2 実践問題

1 (1) for not locking (2) for keeping
(3) There seems (4) disappointing
(5) Even if (6) with
(7) There is something wrong
(8) sorry
(9) Although (10) accept our apologies

解説

1 (1) my fault for ～ ing形は「～することは私のせいだ」を意味する。notの位置に注意。「窓に鍵をかけなかったのは私の責任です。」
(2)「お待たせしてすみません。」
(3)「システムに問題があるようです。」
(4) It's disappointing that ～ . は「(that以下の内容)にがっかりだ，残念だ」という意味を表す。苦情を言うときにも用いられる。「スープがさめていて残念です。」
(5)「大金を積まれたとしても，私はこの指輪を売りません。」
(6)「あなたの手紙が気に入りません。」
(7)「私のイヤホンはどこかおかしい。」
(8)「すみませんが，私はフランス語がわかりません。」
(9)「本当に頑張ったのですが，よい点を取れませんでした。」
(10)「あなたのお荷物を紛失したことをお詫び申し上げます。」

2 (1) There is something wrong with your motorcycle.
(2) Even though[Although / Though] it was crowded, the amusement park was fun.
(3) There seems to be a math error in the report.
(4) I apologize to you for overlooking the danger.
(5) However[No matter how] fast you may walk, you won't catch up with him.
(6) I'm sorry for my mistake.
(7) I'm disappointed that you never remember my name.
(8) Please accept my apologies for any trouble.

解説

2 (1) motorcycleは「自動二輪車，オートバイ」という意味。
(2) 過去の事実に対してはeven though, although, thoughを用いる。「混雑していましたが，遊園地は楽しかったです。」
(3)「報告書に計算間違いがあるようです。」
(4)「危険を見落として申し訳ありません。」
(5)「どんなに速く歩いても彼に追いつくことはできません。」
(7) 主語が人のときはdisappointedを用いる。「あなたが私の名前をちっとも覚えてくれないのにはがっかりします。」
(8) apologizeは動詞。名詞apologiesを使う。「ご迷惑をおかけして申し訳ありません。」

3 (1) Even though
(2) forgive[excuse], being
(3) was disappointed
(4) be careful[pay attention]
(5) doesn't work[isn't working]
(6) No, who
(7) accept, apologies

解説

3 (2) 〈forgive[excuse] + 人 + for ～ ing〉「～した[する]ことについて(人)を許す」
(6) no matter who ～「～がだれであろうとも」という譲歩を表す。

4 (1) It was my fault for not booking
(2) sorry if I have offended you
(3) There seem to be mistakes in
(4) reply today even if you are
(5) Though he is an unknown actor

解説

4 (2) offend は「～を怒らせる」という意味の動詞。

STEP 3　まとめ問題

1 (1) I apologize (to you) for breaking your watch.
(2) It's my fault that the camera is gone.

解説

1 (1) 〈apologize (+ to + 人) + for + 内容〉

2 even if it gets hot

解説

2 even if のあとの節は未来のことでも現在形で表す。

3 (例) Dear Customer Service Team, I am writing to you to complain about one of your products. I bought a wireless mouse from your online store site (order no. 238727) and it arrived on June 5. I was disappointed when I opened the box, because the color was different from the one I ordered. In addition, it didn't come with a USB cable for charging. I have to say it is your fault even if you were busy dealing with a lot of orders during the sale. Could you please replace the item?
Dear Kai,
We apologize that we sent you the item in the wrong color. We also apologize for making you feel uncomfortable due to our mistake. We have already sent out the wireless mouse in the color you ordered with a USB cable. Please keep the item you have already received if you would like.

解説

3 ・苦情は I'm not happy with ～ . / It's disappointing [I'm disappointed] that ～ . などで表す。
・謝罪は We apologize (to you) for ～ . / Please accept our apologies for ～ . など。

訳　カスタマーサービスチーム様,
私は貴社の商品の一つについて苦情を申し上げるためにメールを書いています。貴社のオンラインストアサイトでワイヤレスマウスを購入し(注文番号 238727), 6 月 5 日に到着しました。箱を開けたら, 注文したものと色が違っていて, がっかりしました。また, 充電用の USB ケーブルが同梱されていませんでした。タイムセールで注文が多く, 忙しかったとしても, 貴社の責任と言わざるを得ません。商品を交換していただけないでしょうか。
カイ様,
この度は, お届けしたワイヤレスマウスがご注文の色と違っていたとのこと, 誠に申し訳ございませんでした。また, 弊社のミスにより, お客様に不快な思いをさせてしまったことをお詫び申し上げます。すでにご注文いただいた色のワイヤレスマウスを USB ケーブルと一緒に発送させていただいております。よろしければ, お手元に届いた商品はそのままお持ちくださいませ。

LISTENING

(1) I'm not happy with this
(2) It's disappointing that

LESSON 7 (pp.40-45)

時間的順序／空間的配列･方向／数量(比較)／方法･様態

STEP 1 基本問題

❶ 1 (1) I'll go to lunch after I finish this work.
(2) He enjoyed horseback riding for the first time in Hokkaido.
(3) First I opened the windows, and then I cleaned the room.
2 彼女は外出する前に天気予報を見ました。

解説

❶ 1 (1) この after は接続詞。
(3) 「まず～，それから…」は first ～，and then ...で表す。
2 この before は前置詞。

❷ 1 (1) Do not park your car in front of the gate.
(2) Do you see the white building on the left?
(3) Kiyomizu Temple is located in the eastern part of Kyoto.
2 白鳥は春になると北へ帰っていきます。

解説

❷ 1 (3) in the eastern part of ～「～(の範囲内)の東のほうに」清水寺は京都内にあるので in を使う。
2 to the north「北へ」方向を表すときは to を使う。

❸ 1 (1) Fukushima Prefecture is about six times as large as Tokyo.
(2) My brother eats twice as much as I do.
(3) My sister is three years younger than me.
(4) She has half as many books as I have.
2 5年前と比べると，この店の顧客数は半減しました。

解説

❸ 1 (1) 「…の～倍の大きさ」は～ times as large as ...で表す。
(2) 「～の2倍の量」は twice as much as ～で表す。
(3) 「…より～歳若い」は～ year(s) younger than ...で表す。
(4) 「…の半分の数の～」は half as many ～ as ...」で表す。
2 「半減する」は decrease by half。

❹ 1 (1) He was singing with his eyes closed.
(2) We cook rice in the traditional way.
(3) A black cat was walking with a kitten in her mouth.
2 私たちはコーヒーを飲みながら旅行の計画を立てました。

解説

❹ 1 (1) with は付帯状況を表す。〈with＋名詞＋過去分詞〉は「(名詞)が～された状態で」という意味。
(3) 〈with＋名詞＋場所を表す語句〉は「(名詞)が～にある[いる]状態で」を意味する。
2 over a cup of coffee の over は「～しながら」の意味で，どのような状態で旅行計画を立てたかを表す。

STEP 2 実践問題

1 (1) on (2) dangling (3) since
(4) much (5) Compared (6) before
(7) in (8) after (9) toward
(10) differently

解説

1 (1) in the south side of 〜だと，駐車場が校舎内にあることになってしまう。「校舎の南側に面した駐車場をご利用ください。」

(2) 「足」はそれ自体がぶらぶらしていると考えて，現在分詞を選ぶ。「少年は足をぶらつかせながら座っていました。」

(3) 「昨夜からずっと雨が降っています。」

(4) この much は副詞。「私は彼女の 2 倍勉強しました。」

(5) 雨量は比較の対象なので，「比べられると」を意味する過去分詞を選ぶ。「昨年と比べると，今年は雨の量が多い。」

(6) 「購入を決める前にこのセーターを試着してもよいですか。」

(7) in ten minutes は「あと 10 分で，10 分後に」を意味する。「あと 10 分で行きます。」

(8) 〈the second＋最上級＋名詞＋after 〜〉は「〜に次いで第 2 位の…」を意味する。「カナダはロシアに次いで 2 番目に大きな国です。」

(9) 「動物園の奥に向かって歩いていってください。」

(10) 「今日は違った方法でやってみましょう。」

2 (1) after turning (2) with, folded
(3) with, in (4) while reading
(5) larger than, as large
(6) younger, by, older than[senior to], to, by

解説

2 (1) 「電灯を消す」「部屋を出る」の前後関係を考える。「ナンシーは電灯を消して，それから部屋を出ました。」

(2) 文後半の folding 〜は付帯状況を表す分詞構文。動作主は She なので現在分詞が使われている。書きかえる文は，「腕が組まれた状態」なので〈with＋名詞＋過去分詞〉で表す。「彼女は腕を組んでソファに座っていました。」

(3) holding his hat in his hand は付帯状況を表す分詞構文。〈with＋名詞＋場所を表す前置詞句〉を使って書きかえる。「彼は帽子を手にして立ち上がりました。」

(4) read a newspaper と drink coffee の主語が同じなので，「〜しながら」は〈while 〜 ing〉で表すことができる。「新聞を読みながら，彼はコーヒーを飲みました。」

(5) 「〜の 3 倍の大きさ」は three times larger than 〜または three times as large as 〜で表す。「アメリカ合衆国はインドの 3 倍の大きさです。」

(6) five years younger than Kevin「(ティムは)ケビンより 5 歳若い」は younger than Kevin by five years で言いかえることができる。ケビンを主語にして「(ケビンは)ティムより 5 歳年上だ」と言うときは five years older than[senior to] Tim または senior to[older than] Tim by five years で表す。

3 (1) times faster
(2) There, before[till / until]
(3) came singing
(4) After[Upon], through
(5) last time
(6) with, on

解説

3 (3) SVC の文で，C が V の状態を表す構文。〈SV＋〜 ing〉の形で「〜しながら V する」という意味を表す。

4 (1) in the coffee shop until the rain stopped
(2) What is on the other side of
(3) Bangladesh consumes five times as much rice
(4) Sales this month are 80 percent of last month's

(5) Come back as soon as you can
(6) is located in the central part of

解説

4 (3)「～の5倍の…」は five times as much [many]＋名詞＋as ～で表す。
(4) of の位置に注意。「～の80パーセント」は80 percent of ～で表す。
(5)「できるだけ早く」は as soon as *one* can。
(6)「～の中央部に」は in the central part of ～で表す。

STEP 3 まとめ問題

1 I went to bed without eating anything.

解説

1「～しないで」は〈without＋～ing〉で表す。

2 was reduced by half after the campaign

解説

2「半分に減る」は be reduced by half または decrease by half で表す。

3 (1) She came to the party in[wearing] white.
(2) Turn (to the) right at that[the] corner, and you will find a bakery.
(別解) Turning (to the) right at that [the] corner, you will find a bakery.

解説

3 (2) Turn を使うと文の前半は命令文になる。Turning を使うと分詞構文になる。

4 (例) Here is a recipe for making French toast.
First, mix 2 eggs, 2 tablespoons of milk, 2 teaspoons of sugar, and 1/4 teaspoon of ground cinnamon in a shallow dish. Then, dip each slice of bread into the egg mixture, making sure to coat both sides. Set a lightly oiled frying pan over medium heat. When it becomes hot, place the bread slices in the pan and cook until they get golden brown on both sides. It will take a few minutes per side. It is important to follow the recipe until you get used to it.
I hope this helps!

解説

4 ・「まず～，それから…」は First, ～. (And) Then .... を使うことができる。
・Set a lightly ～. When it becomes hot, は Set a lightly ～ until it becomes hot. でもよい。
・「レシピ通りに作る」は follow the recipe (exactly) または make it (exactly) as the recipe says などで表現することができる。

訳 フレンチトーストを作るためのレシピをご紹介します。まず，浅い皿に卵2個，牛乳大さじ2，砂糖小さじ2，挽いたシナモン小さじ1/4を入れて混ぜます。そして，スライスしたパンを1枚ずつ，両面に十分いきわたるように卵液に浸します。薄く油をひいたフライパンを中火で熱します。熱くなったらパンを並べ，両面をきつね色になるまで焼きます。片面あたり数分かかります。慣れるまではレシピに書いてあるとおりに作ることが大切です。お役に立てれば幸いです！

LISTENING

(1) a new restaurant next to the station
(2) Did you have to wait in the long line
(3) Secondly, add milk, butter, and an egg
(4) And then, pour the mixture into a heated pan
(5) Finally, pour some honey on it

LESSON 8 (pp.46-51)
描写・説明

STEP 1 基本問題

❶1 (1) Look at the girl playing the piano on the stage.
(2) The crying girl is Lisa's sister.
(3) He is an elderly man who passes through here every day.
2 (1) 田中氏[先生]は落胆した学生を慰めました。
(2) 今しがた部屋を出て行った少女はだれですか。

解説

❶1 (1) 「～している…」は〈名詞＋～ing＋修飾語句〉の語順で表す。
(2) 名詞を修飾する語が分詞しかないときは，「～している…」は〈～ing＋名詞〉の語順で表す。
(3) 〈名詞＋主格の関係代名詞＋動詞～〉の語順になる。
2 (1) discourage は「(人を)落胆させる」という意味の動詞。
(2) that は主格の関係代名詞で，that 以下が the girl を説明している。

❷1 (1) Helen is a nurse whose mother is a doctor.
(2) He is a student who lives near here.
(3) Is he the singer you like very much?
2 彼女は風邪をひきそうにない人です。

解説

❷1 (1) whose は所有格の関係代名詞なので，直前には修飾する名詞が，直後には先行詞の所有するものを表す名詞がくる。
(3) 「あなた」が「彼＝歌手」のことを大好きである。
2 the last person to ～「最も～しそうにない人，～するとはとても思えない人」

❸1 (1) This is a robot which assists the elderly in walking.
(2) This is a photo showing the lives of common people 50 years ago.
(3) She was the only one that agreed with me.
(4) His visit was what pleased her most.
2 彼女は初任給で買ったタオルを私にプレゼントしてくれました。

解説

❸1 (1) 〈assist＋人＋in ～ ing〉「(人)が～するのを助ける[手助けする]」
(4) what は先行詞を含む関係代名詞。〈what＋主語＋動詞〉の形で「主語が～するもの[こと]」という意味を表す。ここでは what が主語もかねている。
2 〈主語＋動詞～〉が直前の名詞を修飾する文。

❹1 (1) The gym is the place where I practice table tennis.
(2) Please let me know the day when you will return.
(3) Coffee break is a time I can relax.
2 札幌は，私は毎年夏に滞在するのですが，日中は暑いです。

解説

❹1 (1) 先行詞が「場所」を表し，あとに完全文が続くとき，関係副詞 where が用いられる。
(2) 先行詞が「時」を表し，あとに完全文が続くとき，関係副詞 when が用いられる。
(3) a time が先行詞。直後にくるべき関係副詞 when が省略され，〈主語＋動詞…〉が続いている。
2 先行詞が固有名詞のときは，〈先行詞＋カンマ＋関係代名詞[関係副詞]〉の形になる。固有名詞は，関係詞が導く節によって限定する必要がないからである。

STEP 2 実践問題

1 (1) that cheers me up　(2) when
(3) where　(4) which
(5) Twittering birds　(6) left
(7) where　(8) whose
(9) What　(10) who looked bored

解説

1 (1)「これは私を元気づける歌です。」
(2) 先行詞は「時」を表し，後ろは完全な文。「15年前の今日は弟が生まれた日です。」
(3) 先行詞は「場所」を表し，後ろは完全な文。「あなたが昨日マイクを見かけた場所を思い出してください。」
(4) 非制限用法(カンマ＋関係詞)では that を使うことができない。「このコンピュータは，私が昨年買ったのですが，よく故障します。」
(5) 分詞が単独で名詞を修飾するときは〈分詞＋名詞〉の語順になる。「さえずっている鳥は意外にうるさいです。」
(6)「机の上に放置されたペンはアンのものです。」
(7) 関係代名詞を使う場合は前置詞を伴って in[at] which としなければならない。「私たちはサケの缶詰が作られている工場を訪問しました。」
(8) whose の直後には先行詞に属する無冠詞の名詞がくる。「私にはスズキという姓の友人が数名います。」
(9)「その3年間で最も印象に残った[感動した]のは修学旅行でした。」
(10)「公園には退屈そうな人がたくさんいました。」

2 (1) The hotel where[at which] I stayed last year seemed to be well-run.
(別解) The hotel which[that] I stayed at last year seemed to be well-run.
(2) I don't like to work with Jim, who is lazy.
(3) Folk crafts are handicrafts used by ordinary people in their daily lives.
(4) My host family in Canada gave me a wonderful time (that[which]) I'll never forget.
(5) She is the last person to[that would] break her promise.
(6) There are two occasions in a year when students have to take oral exams in Mrs. White's class.
(7) Even smiling people have a hard time.

解説

2 (1) stay at[in] the hotel なので関係代名詞を使う場合は at または in が必要。関係副詞の where を使ってもよい。「私が昨年泊まったホテルは経営状態がよいようでした。」
(2) 固有名詞は通常限定する必要がないため，関係代名詞の前にカンマが必要。「私はジムと一緒に働きたくありません，彼は怠け者ですから。」
(3)「民芸品とは庶民が日常生活で使う手工芸品のことです。」
(4) 関係詞を使わない文は I'll never forget the wonderful time となり，the wonderful time は目的語となる名詞である。したがって関係副詞 when ではなく関係代名詞を用いる。「カナダのホストファミリーは，私が決して忘れることのない素晴らしい時間をくれました。」
(5)「彼女は決して約束を破るような人ではありません。」
(6)「ホワイト先生のクラスには，生徒が口頭試験を受けなければならない機会が年に2回あります。」
(7)「笑っている人にも苦労はあります。」

3 (1) farm where　(2) when, will
(3) whose meaning　(4) who[that], been
(5) who[that], together　(6) to accept

解説

3 (2) 関係副詞の非制限用法。

(4) who 以下は現在完了進行形。

(5) 「一緒に」を意味する together が必要。

(6) 同格の不定詞。不定詞が修飾する名詞の内容を示す。decision to ～「～するという決定」

4 (1) is a politician with a career as a comedian

(2) The coffee shop, where I go every day

(3) The information you just heard is wrong

(4) if you see children eating while walking

(5) miss what has passed, which we can't take

(6) a design that is easy to use

解説

4 (1) with ～が直前の名詞を修飾する。as の位置に注意。

(3) 〈主語＋動詞～〉が直前の名詞を修飾する文。

(4) children eating while walking は「食べながら歩いている子ども」を意味する。

(5) what は先行詞を含む関係代名詞で，miss のあとにくる。

STEP 3 まとめ問題

1 They are visiting a town hit by the typhoon.

(別解) They are visiting a town that [which] was hit by a typhoon.

解説

1 〈名詞＋過去分詞～〉または〈名詞＋関係代名詞＋be 動詞＋過去分詞〉で表す。

2 (1) She is the only friend that [who] trusted me

(2) What we discuss today is

解説

2 (2) about the safety of my family としないように注意（about は不要）。

3 The restaurant, which is always crowded, offers good food.

4 (例) Why don't we go to Warner Bros. Studio Tour Tokyo for our graduation trip? First, I would like to go to a place where none of us have been before. Second, we need to finish the trip and get rid of travel fatigue before March 20, when Tim will return to America for a short time. Tokyo is a fun place to visit. Furthermore, if we don't mind the extra time it takes, we can take an express bus, which reduces our travel expenses.

解説

4 ・関係代名詞，関係副詞，不定詞などを使って名詞を説明する。

訳　卒業旅行にワーナー ブラザーズ スタジオツアー東京に行かない？ まず，4人とも行ったことのないところに行きたいの。第二に，3月20日にティムがアメリカへ一時帰国するまでに旅を終え，旅の疲れを癒す必要があるわ。東京は楽しいところよ。それに時間がかかるのを気にしないのなら，旅費を抑えられる高速バスに乗ることもできるわ。

LISTENING

(1) an old lady who had a sweet smile

(2) the first day when I arrived in Japan

(3) the place where my host family was waiting for me

(4) I won't forget her smiling face

(5) through your puzzled look

3年の総合問題 (pp.52-57)

第1回 LESSON 1～3

1 (1) No wonder[It's natural]
(2) fond, walking
(3) To be
(4) suggested, be[become]
(5) Why, we
(6) In, opinion[view]

解説

1 (2) 「～が好きである」は be fond of ～で表す。
(4) 「～ということを提案する」は〈suggest (that) + 主語(＋should) + 動詞の原形〉なので, 過去の文でも原形の be を入れる。

2 (1) I'd rather have dinner with you than go
(2) All students are required to take
(3) There is no doubt that
(4) mean to finish this project by
(5) has confidence in his ability to
(6) are not supposed to go

解説

2 (1) would rather ～ than ...「…するよりも～したい」
(2) be required to ～「～するように求められて[義務付けられて]いる」
(5) have confidence in ～「(能力・長所など)に自信を持っている」
(6) be not supposed to ～「～してはいけないことになっている」

3 (1) The last train to Osaka leaves at 11:20 p.m.
(2) I'm not good at talking to[with] new people.
(3) That is her most attractive point.
(4) I'm looking forward to seeing my favorite actor in the TV drama.

解説

3 (1) 運行時刻や映画の開始時刻など, 日常的に確定していることについては, 未来の内容でも現在形で表す。
(2) 「～することが得意でない」は be not good at ～ ing で表す。
(4) look forward to の後の動詞は -ing 形。

4 (1) I'll tell you my honest impression of [opinion about] (seeing)
(2) Many teenagers prefer not to do something
(3) I wish I could go on a picnic

解説

4 (1) 「～の率直な感想」は *one's* honest impression of ～で表すことができる。
(2) 「～することはあえて望まない」「むしろ～しないことを選択する」は prefer not to ～を使って表す。
(3) 実現不可能なことについて「～できればいいのに」は I wish I could ～ . で表す。

5 (1) この映画はヒットすると思います。
(2) 彼らは2日後に休暇でハワイへ行きます。
(3) 屋外での作業をする際は, 1時間ごとに休憩を取ることを強くお勧めします。

解説

5 (1) It seems to me that ～ .「私には～のように思える」
(2) 予定されていて準備が進んでいる未来のことは, 現在進行形で表すことができる。
(3) 〈advise＋人＋to ～〉「(人)に～するよう忠告する, 勧める」の受け身形が使われた文。

第2回 LESSON 4～6

1 (1) can sit
(2) not happy
(3) Though[Although], was
(4) Congratulations on
(5) May[Can] I
(6) apologize for

解説

1 (2) be not happy with ～「～に不満がある，がっかりする」
(6) 〈apologize for＋行為[～ing／名詞]〉の形で用いる。

2 (1) No matter where you are
(2) I am concerned about the safety
(3) It's a shame she had to
(4) won't give up on my dream even if
(5) wondering if you could donate
(6) It's disappointing that the cookie box was

解説

2 (1) no matter where ～「どこで[へ，に]～であろうと」譲歩の副詞節を表す。
(2) be concerned about ～「～について心配している」
(3) It's a shame (that) ～.「～なのは残念だ，もったいないことだ」
(4) even if ～は，事実に反することや未来に起こりうることを仮定して「たとえ～だとしても」と言うときに用いる。
(5) I wonder if you could[would] ～.「～していただけないものかと思う」控えめな依頼，ていねいなお願いをするときに用いる。
(6) It's disappointing that ～.「～にがっかりする，失望する」は苦情を言うときに用いることもできる。

3 (1) No shoes are allowed in the building.
(2) I'm delighted to hear that you have found a job.
(3) Do you mind speaking in a quieter voice?

解説

3 (1) allow は「許可する」を意味する。否定の受動態にすると「許可されていない」になる。
(2) be delighted to ～「～して喜ぶ」
(3) Do you mind ～ing?「～していただけませんか」という依頼を表す。

4 (1) is no need to worry about
(2) apologize to you for
(3) is wrong with this air conditioner

解説

4 (2)「～に関して…にお詫びする」は〈apologize to＋人＋for＋行為[名詞]〉で表す。
(3)「～はどこかがおかしい，～は故障している」は something is wrong with ～で表す。

5 (1) あと5分お時間をいただけますか[お待ちいただけますか]。
(2) 1週間以内にそのレコーダーをお送りいただければ幸いです。
(3) その歌手の付き人をしていた期間，あなたがどれほど過酷な労働をしたかは想像を絶します。

解説

5 (2) We would appreciate it if ～.「もし～していただけたら，ありがたいです」仮の目的語 it を忘れないように。

第3回　LESSON 7～8

1 (1) in, lines　(2) moment when
(3) for, first　(4) sat singing
(5) Anyone who　(6) Finally, till[until]

解説

1 (1)「列に並ぶ，並んで待つ」は wait in line。
(4) SVC(=現在分詞)の文。C の singing が様態を表している。

2 (1) Go straight and turn right
(2) the letter with tears in his eyes
(3) many times larger is Canada than
(4) is only one-third of that in
(5) to the town where you used
(6) good at repairing broken toys

解説

2 (2) with ～が様態を表している。
(3)「A は B の～倍の…だ」を比較級を使って表すと，〈A is ～ times＋比較級＋than B.〉になる。倍数をたずねる疑問文は〈How many times＋比較級＋is A than B[than B is A]?〉になる。
(4)「～の 3 分の 1」は one-third of ～。that は the number of students を指す。

3 (1) whose ceiling
(2) older than[senior to]
(3) last thing

解説

3 (1) with ～の部分を所有格の関係代名詞を使って書きかえる。「あれは天井を開閉することのできる遊泳施設です。」
(2)「弟は私よりも 2 歳年下です[私は弟よりも 2 歳年上です]。」
(3) what は先行詞を含む関係代名詞。the last thing I want to ～は「最もしたくないこと」を意味する。「私が今いちばんしたくないことは，友だちを悲しませることです。」

4 (1) a telephone that was used in ordinary households
(2) the fastest and cheapest way I can get[go]
(3) looking for a bag half the size of
(別解) looking for a bag whose size is half of

解説

4 (1) telephone を〈関係代名詞(＋主語)＋動詞 ...〉が後ろから修飾する文。
(2) I can get[go](節が way を修飾)は，to get[go](不定詞が way を修飾)でも可。いずれも the fastest and cheapest way を修飾する。
(3) 形容詞句 half the size of ～「～の半分の大きさの」が，名詞を後ろから修飾する用法。

5 (1) インドはパキスタンの東(方)に位置する，人口の多い国です。
(2) 彼女は約束を守れないことが多々ありますが，それが人によく言われない主な理由です。
(3) 15 年前に比べると，この村の人口は 10 パーセント減少しました。
(4) 魚は目を閉じるためのまぶたがないため，目を開けたまま眠ります。

解説

5 (1) with ～と located ～の 2 つが country を修飾する文。
(2) 関係代名詞の継続用法[非制限用法]である。which はカンマまでの内容を指す。
(3) decrease by ～ percent「(数量が)～パーセント減少する，低下する」
(4) with their eyes open は付帯状況を表す。to close their eyes は eyelids を修飾する。

1～3年の総合問題 (pp.58-63)

第1回

1 (1) while (2) will still be working
(3) Built (4) about to
(5) must have been (6) As far as

解説

1 (1) 直後に〈主語＋動詞〉が続くので，接続詞の while を選ぶ。
(2) 今から5年後の内容なので未来の文。
(4) be about to ～「まさに～するところだ」
(5) 〈must have＋過去分詞〉「～したに違いない」
(6) as far as ～「～の限り[範囲]では」

2 (1) You had better go home early today.
(2) She talks about health as if she were a doctor.
(3) Without Ben, we're as good as losing today's match.
(4) This article on taxes is well worth reading.
(5) Did you hear your name called?
(6) The hotel, which I stayed at during my school trip, will be renovated next year.

解説

2 (1) 〈had better＋動詞の原形〉「～したほうがよい」
(2) 〈as if＋仮定法過去〉「あたかも～であるかのように」be 動詞は原則 were を用いる。
(3) 〈as good as＋形容詞・名詞〉「～も同然だ」
(4) 〈worth＋～ ing〉「～する価値がある」
(5) 〈hear＋O＋過去分詞〉「O が～されるのを聞く」
(6) I stayed at と前置詞があるので関係代名詞を使うが，that は使えない。

3 (1) second largest
(2) cheaper, cheaper
(3) had, had (4) That's why

解説

3 (1)「2番目に～な」は〈the second＋最上級〉。
(2) 〈get＋比較級＋and＋比較級〉「だんだん[ますます]～になる」
(3) 過去の事実に反する仮定を表す仮定法過去完了〈if＋主語＋過去完了〉の文。
(4)「それが家族旅行が中止になった理由です。」先行詞 the reason の省略。

4 ウ→イ→エ→ア

解説

4 afterwards, then などの副詞にも注意する。
訳 A：カトウ先生，生徒会長のヤマダです。生徒会役員は卒業式の準備を手伝う必要がありますか。
B：(ウ)ええ，椅子を並べてもらいます。
(イ)それからステージを花で飾ります。
(エ)これらすべては1時間もかかりません。
(ア)ピアノを弾くことのできる役員はその後もう20分残ってもらいます。
A：わかりました。役員のうち3名が80分ほど作業します。

5 ① wondering if you know anything about
② a small white dog with a ribbon on her head
③ I'm sure that would be yours

解説

5 ① I wonder if ～.「～かしらと思う」
② with a ribbon on her head が a small white dog を修飾している。
③ I'm sure ～.「きっと～でしょう」
訳 A：私の犬がいなくなりました。あなたが何かご存じではないかと思って。
B：心配ですね。どんな犬ですか。

A：頭にリボンをつけた，白い小型犬です。

B：ああ，近くのタナカさんがそのような犬を保護していますよ。きっとあなたの犬だと思います。

A：それを聞いて安心しました。

第2回

1 (1) ① is　② will be working
(2) (should) study　(3) crossing
(4) will have taken[will have been taking]
(5) to see
(6) ①(that was) built　② be prohibited

解説

1 (1) ②未来進行形〈will be＋～ ing〉で表す。
(2)「～することを提案する」は〈suggest that＋主語(＋should)＋動詞の原形〉。
(3)「Oが～している途中を見る」は〈see＋O＋現在分詞〉。「～するところを最後まで見届ける」は〈see＋O＋動詞の原形〉で表す。
(4)「10年間ずっとピアノを習い続けていることになる」は未来完了形〈will have＋過去分詞〉で表す。
(5)「～するほど…だ」や「とても…なので～する」は〈形容詞[副詞]＋enough to＋動詞の原形〉で表す。

2 (1) found myself　(2) he took
(3) Had, known　(4) than, by
(5) in which

解説

2 (1) wake up to find that ～「目が覚めて～ということに気づく」→ find *oneself* in ～「自分が～にいることに気づく」
(2)〈名詞＋過去分詞＋by 行為者〉→〈名詞＋行為者＋動詞〉関係代名詞目的格の省略。
(3) 仮定法過去完了の倒置。〈If＋主語＋had＋過去分詞～〉→〈Had＋主語＋過去分詞～〉ifが省略されると疑問文の形に倒置が起こる。
(4)「私より5cm背が高い」〈数量＋比較級＋than＋比較の対象〉→〈比較級＋than＋比較の対象＋by＋数量〉
(5)〈場所を表す名詞＋関係副詞 where＋主語＋動詞〉→〈場所を表す名詞＋前置詞＋関係代名詞 which＋主語＋動詞〉

3 (1) エ　(2) ア　(3) エ

解説

3 (1) Do you mind if ～?「～してもよいですか」に失礼のないように答えるには，I'm sorry. のあとにできない理由を述べるとよい。
(2) Something came up.「急用ができた。」は予定を断ったり，待ち合わせに遅れたときなどに使うことができる表現。ア「では，あなたは私たちにすぐに連絡するべきだった。」が適切。〈should have＋過去分詞〉「～するべきだったのに(しなかった)」
(3) Something must be wrong with ～.「～の具合が悪いに違いない」　エ「起動しないのですか。」

4 (1) She is rather[more of] a TV star than an athlete.
(2) Leave the front door light on as a security measure.
(3) He is the last person to make such a simple mistake.

解説

4 (1) rather A than B「BというよりもむしろA」
(2) leave ～ on「～(の電源など)をつけたままにしておく」
(3) the last person to ～「最も～しそうにない人」

5 (1) それは私が今まで聞いた中で最も美しい歌声でした。
(2) あなたは以前，これをやったことがあります。もう一度それをできない理由はありません。

解説

5 (2) There is no reason why ～ .「～という理由はない」

第3回

1 (1) イ	(2) エ	(3) ア	(4) イ
(5) ウ	(6) エ	(7) ア	

解説

1 (1) It's a pity that ～ .「～は残念だ」

A：サイクリング旅行を中止しないといけないのは残念だね。

B：選択の余地なしだよ。大雨だもの。

(2) A：明日映画に行かない？

B：行けたらいいのだけど。明日はバイトが入っているんだ。

(3) A：奥さん，スカーフを落としましたよ。

B：まあ，教えてくださってご親切にどうも。

(4) ア no more than「たった～」 イ no less than「～ほど多くの」 ウ at most「多くとも」 エ at least「少なくとも」

A：あの白いのを買うわ。

B：本気？ 値札をよく見て。500 ドルもするよ。高すぎる。

A：ええ，でもずっと欲しかったの。

(5) A：公園で上着をなくしたんだ。買ってから 5 日しかたっていないんだよ。

B：それは大変だわ。一緒に探しにいきましょう。

(6) A：お母さん，ぼくの目覚まし時計を見なかった？ 寝室には見当たらないんだ。

B：どこか知らないわ。アラームは何時にセットしたの？

A：6 時 30 分。家を出るきっかり 1 時間前だよ。

B：では問題ないわ。時間が来たらアラームが鳴り響くのが聞こえるわよ。見つかるわ。

(7) A：レスリー，ちょっといいかしら。妹さんのアンのことだけど。

B：ええ，ホワイトさん。彼女がご迷惑をおかけしましたか。

A：彼女，私の庭へ入って花壇を踏み荒らしてしまったのよ。

B：申し訳ありません。二度とこういうことのないようにします。

2 (1) This road takes you to Chinatown. / This road leads (you) to Chinatown.
(2) Jim isn't as busy as Linda.
(3) Today I prefer baking a cake (rather) to reading a book.
(4) Tokyo Disneyland is about eleven times as large as Tokyo Dome.

解説

2 (1) lead to ～「～に通じる」，〈lead＋人＋to ～〉「(人)を～へ連れていく」

(2) not as ～ as ...「…ほど～でない」

(3) prefer ～ to ...「…することより～することを好む」

(4)「～の 11 倍の広さだ」eleven times as large as ～

3 (例) The "Kodomo Mimamoritai" is a group of local volunteers who watch over children on their way to school so that they can get to school safely. The members of the "Kodomo Mimamoritai," who wear matching vests or jackets, often yellow, and stand on the school routes. Their activities help prevent crimes as well as improve traffic safety.

解説

3 ・〈～ so that＋S(＋can)＋V ...〉「S が V できるように～する」

・～ as well as ...「…だけでなく～も」＝ not only ... but (also) ～

・関係代名詞を使って名詞を説明する。
訳 「子ども見守り隊」とは，子どもたちが安全に通学できるよう，通学時の子どもを見守る地域のボランティアグループです。「子ども見守り隊」のメンバーは，おそろいのベストやジャケット，多くは黄色ですが，を着用し，子どもたちの通学路に立ちます。彼らの活動は交通安全だけでなく，犯罪防止にも役立っています。

APPLAUSE
ENGLISH LOGIC AND EXPRESSION Ⅲ
ワークブック
解答・解説

開隆堂出版株式会社
東京都文京区向丘 1-13-1
BD

CONTENTS（目次）

本書の構成と使い方

このワークブックは，APPLAUSE ENGLISH LOGIC AND EXPRESSION IIIの内容にしたがって作られています。教科書各課のFocusに出てくる重要表現の練習問題を，STEP 1から3にかけて段階的に解いていく構成となっています。予習だけでなく，復習やテスト前の整理にも活用できます。各ページの内容は次のとおりです。

STEP 1 基本問題

表現の種別ごとに，整序問題や英文和訳問題などを用意しています。

まずはこのステップで，それぞれの表現の基礎を確認しましょう。

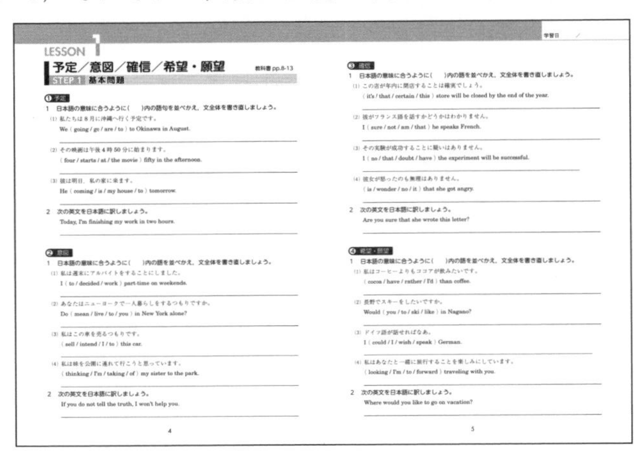

学習日　／

LESSON 1

予定／意図／確信／希望・願望　教科書 pp.8-13

STEP 1 基本問題

①予定

1 日本語の意味に合うように(　)内の語句を並べかえ，文全体を書き直しましょう。

(1) 私たちは8月に沖縄へ行く予定です。
We (going / go / are / to) to Okinawa in August.

(2) その映画は午後4時50分に始まります。
(four / starts / at / the movie) fifty in the afternoon.

(3) 彼は明日，私の家に来ます。
He (coming / is / my house / to) tomorrow.

2 次の英文を日本語に訳しましょう。
Today, I'm finishing my work in two hours.

②意図

1 日本語の意味に合うように(　)内の語を並べかえ，文全体を書き直しましょう。

(1) 私は週末にアルバイトをすることにしました。
I (to / decided / work) part-time on weekends.

(2) あなたはニューヨークで一人暮らしをするつもりですか。
Do (mean / live / to / you) in New York alone?

(3) 私はこの車を売るつもりです。
(sell / intend / I / to) this car.

(4) 私は妹を公園に連れて行こうと思っています。
(thinking / I'm / taking / of) my sister to the park.

2 次の英文を日本語に訳しましょう。
If you do not tell the truth, I won't help you.

4

③確信

1 日本語の意味に合うように(　)内の語を並べかえ，文全体を書き直しましょう。

(1) この店が年内に閉店することは確実でしょう。
(it's / that / certain / this) store will be closed by the end of the year.

(2) 彼がフランス語を話すかどうかはわかりません。
I (sure / not / am / that) he speaks French.

(3) その実験が成功することに疑いはありません。
I (no / that / doubt / have) the experiment will be successful.

(4) 彼女が怒ったのも無理はありません。
(is / wonder / no / it) that she got angry.

2 次の英文を日本語に訳しましょう。
Are you sure that she wrote this letter?

④希望・願望

1 日本語の意味に合うように(　)内の語を並べかえ，文全体を書き直しましょう。

(1) 私はコーヒーよりもココアが飲みたいです。
(cocoa / have / rather / I'd) than coffee.

(2) 長野でスキーをしたいですか。
Would (you / to / ski / like) in Nagano?

(3) ドイツ語が話せればなあ。
I (could / I / wish / speak) German.

(4) 私はあなたと一緒に旅行することを楽しみにしています。
(looking / I'm / to / forward) traveling with you.

2 次の英文を日本語に訳しましょう。
Where would you like to go on vacation?

5

STEP 2 実践問題

STEP 1より少し難易度が上がった問題を用意しています。

さまざまな形式の問題を解いて，着実に重要表現を身につけましょう。

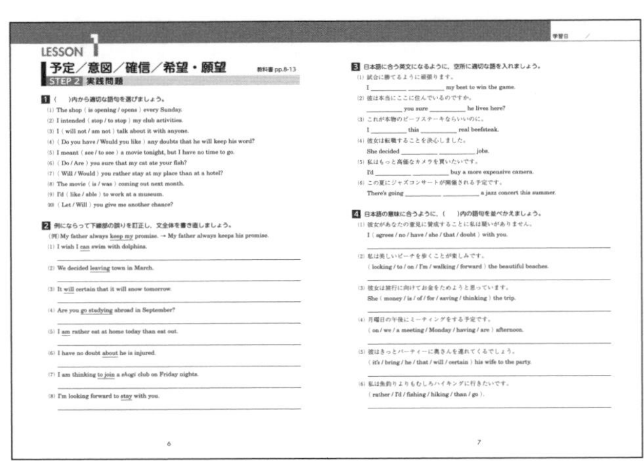

学習日　／

LESSON 1

予定／意図／確信／希望・願望　教科書 pp.8-13

STEP 2 実践問題

1 (　)内から適切な語句を選びましょう。

(1) The shop (is opening / opens) every Sunday.
(2) I intended (stop / to stop) my club activities.
(3) I (will not / am not) talk about it with anyone.
(4) (Do you have / Would you like) any doubts that he will keep his word?
(5) I meant (see / to see) a movie tonight, but I have no time to go.
(6) (Do / Are) you sure that my cat ate your fish?
(7) (Will / Would) you rather stay at my place than at a hotel?
(8) The movie (is / was) coming out next month.
(9) I'd (like / able) to work at a museum.
(10) (Let / Will) you give me another chance?

2 例にならって下線部の誤りを訂正し，文全体を書き直しましょう。

(例) My father always keep my promise. → My father always keeps his promise.
(1) I wish I can swim with dolphins.
(2) We decided leaving town in March.
(3) It will certain that it will snow tomorrow.
(4) Are you go studying abroad in September?
(5) I am rather eat at home today than eat out.
(6) I have no doubt about he is injured.
(7) I am thinking to join a *shogi* club on Friday nights.
(8) I'm looking forward to stay with you.

6

3 日本語に合う英文になるように，空所に適切な語を入れましょう。

(1) 試合に勝てるように頑張ります。
I ______ ______ my best to win the game.

(2) 彼は本当にここに住んでいるのですか。
______ you sure ______ he lives here?

(3) これが本物のビーフステーキならいいのに。
I ______ this ______ real beefsteak.

(4) 彼女は転職することを決心しました。
She decided ______ ______ jobs.

(5) 私はもっと高価なカメラを買いたいです。
I'd ______ ______ buy a more expensive camera.

(6) この夏にジャズコンサートが開催される予定です。
There's going ______ ______ a jazz concert this summer.

4 日本語の意味に合うように，(　)内の語句を並べかえましょう。

(1) 彼女があなたの意見に賛成することに私は疑いがありません。
I (agrees / no / have / she / that / doubt) with you.

(2) 私は美しいビーチを歩くことが楽しみです。
(looking / to / on / I'm / walking / forward) the beautiful beaches.

(3) 彼女は旅行に向けてお金をためようと思っています。
She (money / is / of / for / saving / thinking) the trip.

(4) 月曜日の午後にミーティングをする予定です。
(on / we / a meeting / Monday / having / are) afternoon.

(5) 彼はきっとパーティーに奥さんを連れてくるでしょう。
(it's / bring / he / that / will / certain) his wife to the party.

(6) 私は魚釣りよりもむしろハイキングに行きたいです。
(rather / I'd / fishing / hiking / than / go).

7

右の QR コードをタブレット端末で読み取ると，音声のウェブページにつながります。次の URL からもアクセスできます。
https://www.kairyudo.co.jp/applause3lewb

STEP 3 まとめ問題

和文英訳問題など，英語でのライティングを練習できる問題が配置されています。これまでに身につけた重要表現を用いてどこまで発信できるか確認しましょう。
また，教科書の各課 Model Dialog の音声を用いたディクテーション問題も用意しました。

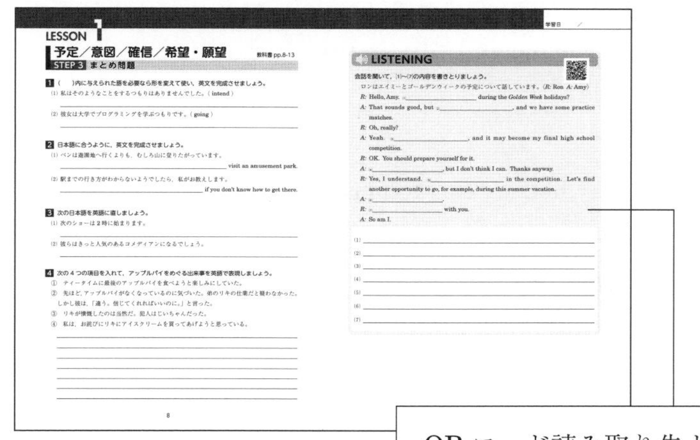

学習日 ／

LESSON 1
予定／意図／確信／希望・願望　教科書 pp.8-13
STEP 3 まとめ問題

1 （　）内に与えられた語を必要なら形を変えて使い，英文を完成させましょう。
(1) 私はそのようなことをするつもりはありませんでした。（ intend ）
______
(2) 彼女は大学でプログラミングを学ぶつもりです。（ going ）
______

2 日本語に合うように，英文を完成させましょう。
(1) ベンは遊園地へ行くよりも，むしろ山に登りたがっています。
______ visit an amusement park.
(2) 駅までの行き方がわからないようでしたら，私がお教えします。
______ if you don't know how to get there.

3 次の日本語を英語に直しましょう。
(1) 次のショーは 2 時に始まります。
______
(2) 彼らはきっと人気のあるコメディアンになるでしょう。
______

4 次の 4 つの項目を入れて，アップルパイをめぐる出来事を英語で表現しましょう。
① ティータイムに最後のアップルパイを食べようと楽しみにしていた。
② 先ほど，アップルパイがなくなっているのに気づいた。弟のリキの仕業だと疑わなかった。しかし彼は，「違う。信じてくれればいいのに。」と言った。
③ リキが憤慨したのは当然だ。犯人はじいちゃんだった。
④ 私は，お詫びにリキにアイスクリームを買ってあげようと思っている。
______

8

LISTENING
会話を聞いて，(1)～(7)の内容を書きとりましょう。
ロンはエイミーとゴールデンウィークの予定について話しています。（R: Ron A: Amy）
R: Hello, Amy. (1)______ during the *Golden Week* holidays?
A: That sounds good, but (2)______, and we have some practice matches.
R: Oh, really?
A: Yeah. (3)______, and it may become my final high school competition.
R: OK. You should prepare yourself for it.
A: (4)______, but I don't think I can. Thanks anyway.
R: Yes, I understand. (5)______ in the competition. Let's find another opportunity to go, for example, during this summer vacation.
A: (6)______.
R: (7)______ with you.
A: So am I.
(1) ______
(2) ______
(3) ______
(4) ______
(5) ______
(6) ______
(7) ______

QR コード読み取り先より音声を再生できます。

総合問題

「3 年の総合問題」は 1 年間で学んだ重要表現を総復習するページです。3 回に分かれた総合問題を解くことで，年間をとおして学んだ内容の定着度を確認できます。「1 ～ 3 年の総合問題」は 3 年間を通じて学んだ文法事項・重要表現を総復習するページです。3 年間で学んだ内容を確認しましょう。

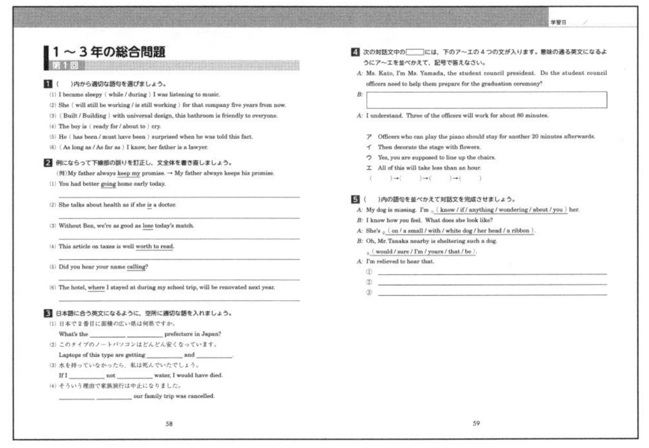

学習日 ／

1 ～ 3 年の総合問題
第 1 回

1 （　）内から適切な語句を選びましょう。
(1) I became sleepy (while / during) I was listening to music.
(2) She (will still be working / is still working) for that company five years from now.
(3) (Built / Building) with universal design, this bathroom is friendly to everyone.
(4) The boy is (ready for / about to) cry.
(5) He (has been / must have been) surprised when he was told this fact.
(6) (As long as / As far as) I know, her father is a lawyer.

2 例にならって下線部の誤りを訂正し，文全体を書き直しましょう。
(例) My father always keep my promise. → My father always keeps his promise.
(1) You had better going home early today.
______
(2) She talks about health as if she is a doctor.
______
(3) Without Ben, we're as good as lose today's match.
______
(4) This article on taxes is well worth to read.
______
(5) Did you hear your name calling?
______
(6) The hotel, where I stayed at during my school trip, will be renovated next year.
______

3 日本語に合う英文になるように，空所に適切な語を入れましょう。
(1) 日本で 2 番目に面積の広い県は何県ですか。
What's the ______ ______ prefecture in Japan?
(2) このタイプのノートパソコンはどんどん安くなっています。
Laptops of this type are getting ______ and ______.
(3) 水を持っていなかったら，私は死んでいたでしょう。
If I ______ not ______ water, I would have died.
(4) そういう理由で家族旅行は中止になりました。
______ ______ our family trip was cancelled.

58

4 次の対話文中の［　］には，下のア～エの 4 つの文が入ります。意味の通る英文になるようにア～エを並べかえて，記号で答えなさい。
A: Ms. Kato, I'm Ms. Yamada, the student council president. Do the student council officers need to help them prepare for the graduation ceremony?
B: ［　　　　］
A: I understand. Three of the officers will work for about 80 minutes.
ア Officers who can play the piano should stay for another 20 minutes afterwards.
イ Then decorate the stage with flowers.
ウ Yes, you are supposed to line up the chairs.
エ All of this will take less than an hour.
（　）→（　）→（　）→（　）

5 （　）内の語句を並べかえて対話文を完成させましょう。
A: My dog is missing. I'm ①(know / if / anything / wondering / about / you) her.
B: I know how you feel. What does she look like?
A: She's ②(on / a small / with / white dog / her head / a ribbon).
B: Oh, Mr. Tanaka nearby is sheltering such a dog.
③(would / sure / I'm / yours / that / be).
A: I'm relieved to hear that.
① ______
② ______
③ ______

59

LESSON 1

予定／意図／確信／希望・願望

教科書 pp.8-13

STEP 1 基本問題

① 予定

1　日本語の意味に合うように(　　)内の語句を並べかえ，文全体を書き直しましょう。

(1) 私たちは8月に沖縄へ行く予定です。

We (going / go / are / to) to Okinawa in August.

____

(2) その映画は午後4時50分に始まります。

(four / starts / at / the movie) fifty in the afternoon.

____

(3) 彼は明日，私の家に来ます。

He (coming / is / my house / to) tomorrow.

____

2　次の英文を日本語に訳しましょう。

Today, I'm finishing my work in two hours.

____

② 意図

1　日本語の意味に合うように(　　)内の語を並べかえ，文全体を書き直しましょう。

(1) 私は週末にアルバイトをすることにしました。

I (to / decided / work) part-time on weekends.

____

(2) あなたはニューヨークで一人暮らしをするつもりですか。

Do (mean / live / to / you) in New York alone?

____

(3) 私はこの車を売るつもりです。

(sell / intend / I / to) this car.

____

(4) 私は妹を公園に連れて行こうと思っています。

(thinking / I'm / taking / of) my sister to the park.

____

2　次の英文を日本語に訳しましょう。

If you do not tell the truth, I won't help you.

____

❸ 確信

1　日本語の意味に合うように(　　)内の語を並べかえ，文全体を書き直しましょう。

(1) この店が年内に閉店することは確実でしょう。

(it's / that / certain / this) store will be closed by the end of the year.

(2) 彼がフランス語を話すかどうかはわかりません。

I (sure / not / am / that) he speaks French.

(3) その実験が成功することに疑いはありません。

I (no / that / doubt / have) the experiment will be successful.

(4) 彼女が怒ったのも無理はありません。

(is / wonder / no / it) that she got angry.

2　次の英文を日本語に訳しましょう。

Are you sure that she wrote this letter?

❹ 希望・願望

1　日本語の意味に合うように(　　)内の語を並べかえ，文全体を書き直しましょう。

(1) 私はコーヒーよりもココアが飲みたいです。

(cocoa / have / rather / I'd) than coffee.

(2) 長野でスキーをしたいですか。

Would (you / to / ski / like) in Nagano?

(3) ドイツ語が話せればなあ。

I (could / I / wish / speak) German.

(4) 私はあなたと一緒に旅行することを楽しみにしています。

(looking / I'm / to / forward) traveling with you.

2　次の英文を日本語に訳しましょう。

Where would you like to go on vacation?

LESSON 1

予定／意図／確信／希望・願望

教科書 pp.8-13

STEP 2 実践問題

1 (　　)内から適切な語句を選びましょう。

(1) The shop (is opening / opens) every Sunday.

(2) I intended (stop / to stop) my club activities.

(3) I (will not / am not) talk about it with anyone.

(4) (Do you have / Would you like) any doubts that he will keep his word?

(5) I meant (see / to see) a movie tonight, but I have no time to go.

(6) (Do / Are) you sure that my cat ate your fish?

(7) (Will / Would) you rather stay at my place than at a hotel?

(8) The movie (is / was) coming out next month.

(9) I'd (like / able) to work at a museum.

(10) (Let / Will) you give me another chance?

2 例にならって下線部の誤りを訂正し，文全体を書き直しましょう。

(例) My father always keep my promise. → My father always keeps his promise.

(1) I wish I can swim with dolphins.

(2) We decided leaving town in March.

(3) It will certain that it will snow tomorrow.

(4) Are you go studying abroad in September?

(5) I am rather eat at home today than eat out.

(6) I have no doubt about he is injured.

(7) I am thinking to join a *shogi* club on Friday nights.

(8) I'm looking forward to stay with you.

3 日本語に合う英文になるように，空所に適切な語を入れましょう。

(1) 試合に勝てるように頑張ります。

I ＿＿＿＿＿ ＿＿＿＿＿ my best to win the game.

(2) 彼は本当にここに住んでいるのですか。

＿＿＿＿＿ you sure ＿＿＿＿＿ he lives here?

(3) これが本物のビーフステーキならいいのに。

I ＿＿＿＿＿ this ＿＿＿＿＿ real beefsteak.

(4) 彼女は転職することを決心しました。

She decided ＿＿＿＿＿ ＿＿＿＿＿ jobs.

(5) 私はもっと高価なカメラを買いたいです。

I'd ＿＿＿＿＿ ＿＿＿＿＿ buy a more expensive camera.

(6) この夏にジャズコンサートが開催される予定です。

There's going ＿＿＿＿＿ ＿＿＿＿＿ a jazz concert this summer.

4 日本語の意味に合うように，(　　)内の語句を並べかえましょう。

(1) 彼女があなたの意見に賛成することに私は疑いがありません。

I (agrees / no / have / she / that / doubt) with you.

＿＿＿＿＿＿＿＿＿＿＿＿＿＿＿＿＿＿＿＿

(2) 私は美しいビーチを歩くことが楽しみです。

(looking / to / on / I'm / walking / forward) the beautiful beaches.

＿＿＿＿＿＿＿＿＿＿＿＿＿＿＿＿＿＿＿＿

(3) 彼女は旅行に向けてお金をためようと思っています。

She (money / is / of / for / saving / thinking) the trip.

＿＿＿＿＿＿＿＿＿＿＿＿＿＿＿＿＿＿＿＿

(4) 月曜日の午後にミーティングをする予定です。

(on / we / a meeting / Monday / having / are) afternoon.

＿＿＿＿＿＿＿＿＿＿＿＿＿＿＿＿＿＿＿＿

(5) 彼はきっとパーティーに奥さんを連れてくるでしょう。

(it's / bring / he / that / will / certain) his wife to the party.

＿＿＿＿＿＿＿＿＿＿＿＿＿＿＿＿＿＿＿＿

(6) 私は魚釣りよりもむしろハイキングに行きたいです。

(rather / I'd / fishing / hiking / than / go).

＿＿＿＿＿＿＿＿＿＿＿＿＿＿＿＿＿＿＿＿

LESSON 1

予定／意図／確信／希望・願望

教科書 pp.8-13

STEP 3 まとめ問題

1 (　　)内に与えられた語を必要なら形を変えて使い，英文を完成させましょう。

(1) 私はそのようなことをするつもりはありませんでした。(intend)

____

(2) 彼女は大学でプログラミングを学ぶつもりです。(going)

____

2 日本語に合うように，英文を完成させましょう。

(1) ベンは遊園地へ行くよりも，むしろ山に登りたがっています。

______________________________ visit an amusement park.

(2) 駅までの行き方がわからないようでしたら，私がお教えします。

______________________________ if you don’t know how to get there.

3 次の日本語を英語に直しましょう。

(1) 次のショーは 2 時に始まります。

____

(2) 彼らはきっと人気のあるコメディアンになるでしょう。

____

4 次の 4 つの項目を入れて，アップルパイをめぐる出来事を英語で表現しましょう。

① ティータイムに最後のアップルパイを食べようと楽しみにしていた。

② 先ほど，アップルパイがなくなっているのに気づいた。弟のリキの仕業だと疑わなかった。しかし彼は，「違う。信じてくれればいいのに。」と言った。

③ リキが憤慨したのは当然だ。犯人はじいちゃんだった。

④ 私は，お詫びにリキにアイスクリームを買ってあげようと思っている。

____

____

____

____

____

____

____

LISTENING

会話を聞いて，(1)〜(7)の内容を書きとりましょう。

ロンはエイミーとゴールデンウィークの予定について話しています。(*R:* Ron *A:* Amy)

R: Hello, Amy. (1)____________ during the *Golden Week* holidays?

A: That sounds good, but (2)____________, and we have some practice matches.

R: Oh, really?

A: Yeah. (3)____________, and it may become my final high school competition.

R: OK. You should prepare yourself for it.

A: (4)____________, but I don't think I can. Thanks anyway.

R: Yes, I understand. (5)____________ in the competition. Let's find another opportunity to go, for example, during this summer vacation.

A: (6)____________.

R: (7)____________ with you.

A: So am I.

(1) ________________________

(2) ________________________

(3) ________________________

(4) ________________________

(5) ________________________

(6) ________________________

(7) ________________________

LESSON 2

好き・嫌い／得意・不得意／個人的感想 教科書 pp.14-19

STEP 1 基本問題

① 好き

1 日本語の意味に合うように(　　)内の語を並べかえ，文全体を書き直しましょう。

(1) 私は海で泳ぐことよりも，ハイキングすることを好みます。

I (to / prefer / swimming / hiking) in the ocean.

____

(2) 彼はアイスホッケーの大ファンです。

He is (fan / big / a / of) ice hockey.

____

(3) あなたの好きな料理は何ですか。

(your / dish / favorite / what's)?

____

(4) ファーブルは昆虫が大好きでした。

Fabre (fond / was / insects / of).

____

2 次の英文を日本語に訳しましょう。

Which do you prefer, spring or fall?

____

② 嫌い

1 日本語の意味に合うように(　　)内の語を並べかえ，文全体を書き直しましょう。

(1) 私は満員電車に乗ることが嫌いです。

(I / riding / dislike / on) crowded trains.

____

(2) 私は和菓子があまり好きではありません。

I (for / not / do / care) Japanese sweets.

____

(3) 私はホラー映画が好きではありません。

(not / do / like / I) horror movies.

____

2 次の英文を日本語に訳しましょう。

It's hard for me to talk in public.

____

③ 得意・不得意

1　日本語の意味に合うように(　　)内の語を並べかえ，文全体を書き直しましょう。

(1) あなたは絵を描くことが得意ですか。

(you / are / at / good) drawing pictures?

____

(2) 経済学は彼の得意科目です。

Economics (subject / is / best / his).

____

(3) 彼女のいちばんの魅力は優しさです。

(most / her / point / attractive) is her gentleness.

____

2　次の英文を日本語に訳しましょう。

I am not confident in my singing or dancing.

____

④ 個人的感想

1　日本語の意味に合うように(　　)内の語を並べかえ，文全体を書き直しましょう。

(1) あなたは土曜日に授業があるべきだと思いますか。

(think / students / you / do) should have classes on Saturdays?

____

(2) 私には，彼女はよいコーチのように見えます。

(it / to / seems / me) that she's a good coach.

____

(3) これについて，あなたの意見をお聞かせください。

Please let (know / me / opinion / your) about this.

____

(4) 正直に言って，あなたはもっとフランス語を勉強するべきです。

(honest / to / you / be / ,) should study French more.

____

2　次の英文を日本語に訳しましょう。

In my opinion, community buses should be used more often.

____

LESSON 2

好き・嫌い／得意・不得意／個人的感想　教科書 pp.14-19

STEP 2 実践問題

1 (　　)内から適切な語句を選びましょう。

(1) They were great fans (of / for) Michael Jackson.

(2) Please (let / get) me know your idea.

(3) My father can cook well. Cream stew is one of his (best / most) dishes.

(4) I like to stay up late, but I (don't dislike / dislike) getting up early.

(5) It is hard for me (to make / making) decisions quickly.

(6) (In / On) my opinion, students should study at home more.

(7) (It / There) seems to me that he was once a doctor.

(8) I don't care (of / for) those types of music.

(9) The most (attractive / attract) point of this breed of dog is its cleverness.

(10) I think (of / that) those stairs aren't the place to take pictures.

2 例にならって下線部の誤りを訂正し，文全体を書き直しましょう。

(例) My father always keep my promise. → My father always keeps his promise.

(1) I'm not good at talk to people at parties.

____

(2) I prefer running a restaurant than working for a company.

____

(3) I don't have confident in my English ability.

____

(4) Be honest, I don't understand her works of art at all.

____

(5) The children were fond to pick the fish for this pond.

____

(6) Please share me your opinion about my paper.

____

(7) Who's your favor American movie actor?

____

(8) Turn down the TV volume. I don't careful of loud music.

____

3 日本語に合う英文になるように，空所に適切な語を入れましょう。

(1) 私の意見では，彼は経験が足りません。

______ my ______, he lacks experience.

(2) バタフライは私の得意種目です。

Butterfly is ______ ______ swimming style.

(3) 彼女はオルゴールの音が好きではありません。

She ______ ______ for the sound of the music box.

(4) 正直に言って，この歌はヒットしないでしょう。

______ be ______, this song won't be a hit.

(5) 母はあなたの熱烈なファンです。

Mom is a big ______ ______ yours.

(6) あなたはすべての社会人がスマホを持つべきだと思いますか。

______ you ______ every working person should have a smartphone?

4 日本語の意味に合うように，(　　)内の語句を並べかえましょう。

(1) 私は日記をつけることが得意ではありません。

(not / at / I'm / a diary / keeping / good).

____

(2) この車種のいちばんの魅力は何ですか。

(attractive / is / of / the most / what / point) this car model?

____

(3) 彼女は歯科医に向いていると思います。

(that / me / seems / it / she / to) is suited to be a dentist.

____

(4) 選手は白いユニフォームよりも青いのを好んで着ます。

(blue uniforms / wearing / to / players / white ones / prefer).

____

(5) 私たちは今日の試合に勝つ自信があります。

(about / we / today's / winning / confident / are) game.

____

(6) 私は新しい友だちを作るのが苦手です。

(hard / me / it's / make / for / to) new friends.

____

LESSON 2

好き・嫌い／得意・不得意／個人的感想　教科書 pp.14-19

STEP 3 まとめ問題

1 (　　)内に与えられた語を必要なら形を変えて使い，英文を完成させましょう。

(1) 彼は野生生物の写真を撮ることが大好きでした。(fond)

____

(2) 私には彼女が正しいように思えます。(seem / that)

____

2 日本語に合うように，英文を完成させましょう。

(1) あなたは，学生は就職する前にボランティア活動をするべきだと思いますか。

______________________________ before getting a job?

(2) テレビを見ながら食事をすることについて，あなたの意見をお聞かせください。

______________________________ about eating while watching TV.

3 次の日本語を英語に直しましょう。

(1) 正直なところ，彼が作る料理はおいしくない。

____

(2) スキューバ(scuba)ダイビングは彼らが最も得意とするスポーツです。

____

4 次の4つの項目を入れて，街角ピアノ(the street piano)に関するAさんとBさんの対話を英語で表現しましょう。

Aさん　① 自分はピアノが得意で，人前で演奏する自信もある。街角ピアノに挑戦してみたい。

　　　　② 街角ピアノに対する考えはいろいろある。あなたの率直な意見は？

Bさん　③ 自分は，街角ピアノは少なくてよいと思う。

　　　　④ 癒される人もいるが，不快に思う人もいるようだ。公共の場は，一部の人だけが満足する場ではない。

A: ______________________________

____

____

B: ______________________________

____

____

LISTENING

会話を聞いて，(1)～(6)の内容を書きとりましょう。

拓，エイミー，華の 3 人が将来の仕事について話しています。

(*T:* Taku *A:* Amy *H:* Hana)

T: (1)____________________, an enjoyable job with a low salary or an unenjoyable job with a high salary?

A: (2)____________________ even with a low salary.

T: Oh, really? Why do you think so?

A: A job is something we spend a lot of time on in our life. I want to enjoy my life not only in my free time but also in my job. (3)____________________ if the job is something I enjoy.

H: But we cannot live without money, can we?

T: (4)____________________ if we could earn money out of our hobby, but, (5)____________________, working and playing are quite different things. Very few people can get such a job where they can realize both.

A: You might be right, but I want to get a job worth doing for myself.

T: A job worth doing for yourself....

H: (6)____________________.

(1) ______________________________

(2) ______________________________

(3) ______________________________

(4) ______________________________

(5) ______________________________

(6) ______________________________

LESSON 3

提案・助言／必要性・義務／勧誘／受諾・辞退 教科書 pp.22-27

STEP 1 基本問題

① 提案・助言

1 日本語の意味に合うように(　　)内の語を並べかえ，文全体を書き直しましょう。

(1) あなたは医者に診てもらうべきだと思います。

I (should / you / see / think) a doctor.

____

(2) 私たちは別のホテルに泊まってはどうでしょうか。

(suggest / I / should / we) stay at another hotel.

____

(3) 彼に直接聞いてみたらどうですか。

(don't / ask / you / why) him directly?

____

(4) 毎朝 30 分歩くことをあなたにおすすめします。

I (walk / advise / to / you) for 30 minutes every morning.

____

2 次の英文を日本語に訳しましょう。

Students are recommended to take summer classes.

____

② 必要性・義務

1 日本語の意味に合うように(　　)内の語句を並べかえ，文全体を書き直しましょう。

(1) 夜はドアに鍵をかけなければなりません。

You (to / have / the door / lock) at night.

____

(2) 今日の会議は午後 4 時までに終えられなければなりません。

Today's meeting (by / be / finished / must) 4:00 p.m.

____

(3) 学生は月に 1 回レポートを書くことになっています。

Students (supposed / write / are / to) a paper once a month.

____

2 次の英文を日本語に訳しましょう。

It is necessary for all staff to have a medical checkup.

____

❸ 勧誘

1　日本語の意味に合うように(　　)内の語を並べかえ，文全体を書き直しましょう。

(1) 明日サイクリングに行くのはどうですか。

(how / going / about / cycling) tomorrow?

____

(2) 一緒に帰りましょうよ。

(go / don't / we / why) back together?

____

(3) チーズケーキはいかがですか。

(like / would / to / you) have some cheesecake?

____

2　次の英文を日本語に訳しましょう。

Shall we invite them for dinner?

____

❹ 受諾・辞退

1　日本語の意味に合うように(　　)内の語を並べかえ，文全体を書き直しましょう。

(1) よい考えですね。

(good / a / that's / idea).

____

(2) 残念ながらお役に立てないと思います。

(cannot / I'm / afraid / I) help you.

____

(3) 残念ながら今回は出席できません。

(I / unfortunately / attend / cannot / ,) this time.

____

(4) ご一緒できればよいのですが。

I (be / wish / could / I) with you.

____

2　次の英文を日本語に訳しましょう。

Thanks, that would be great.

____

提案・助言／必要性・義務／勧誘／受諾・辞退 教科書 pp.22-27

STEP 2 実践問題

1 各組の文がほぼ同じ意味になるように，空所に適切な語を入れましょう。

(1) ・Let's go to a concert this weekend.
・Why ＿＿＿＿ ＿＿＿＿ go to a concert this weekend?
・Would you ＿＿＿＿ ＿＿＿＿ go to a concert this weekend with me?

(2) ・You must open the gate at 7 a.m.
・The gate ＿＿＿＿ be ＿＿＿＿ at 7 a.m.

(3) ・Unfortunately, I can't join your team.
・I ＿＿＿＿ ＿＿＿＿ I can't join your team.
・I wish I ＿＿＿＿ ＿＿＿＿ your team.

(4) ・I think you should give her a call.
・Why ＿＿＿＿ ＿＿＿＿ give her a call?

(5) ・You need to wash your hands before eating.
・＿＿＿＿ necessary for you ＿＿＿＿ ＿＿＿＿ your hands before eating.

2 例にならって下線部の誤りを訂正し，文全体を書き直しましょう。

(例) My father always keep my promise. → My father always keeps his promise.

(1) I advise you to not eat too much oily food.

＿＿＿＿＿＿＿＿＿＿＿＿＿＿＿＿＿＿＿＿

(2) I suggest that he must make a speech.

＿＿＿＿＿＿＿＿＿＿＿＿＿＿＿＿＿＿＿＿

(3) I have to getting up at six.

＿＿＿＿＿＿＿＿＿＿＿＿＿＿＿＿＿＿＿＿

(4) Would you want to have some ice cream?

＿＿＿＿＿＿＿＿＿＿＿＿＿＿＿＿＿＿＿＿

(5) You are supposed wearing your uniform for the ceremony.

＿＿＿＿＿＿＿＿＿＿＿＿＿＿＿＿＿＿＿＿

(6) How about paint the walls?

＿＿＿＿＿＿＿＿＿＿＿＿＿＿＿＿＿＿＿＿

3 日本語に合う英文になるように，空所に適切な語を入れましょう。

(1) (映画に誘われて)ええ，ぜひとも。

I'd __________ __________.

(2) 毎月末に報告書を出すことになっています。

We __________ __________ to give a report at the end of each month.

(3) あなたは今日は家にいたほうがよいです。

You had __________ __________ home today.

(4) 新しいかばんを買ったらどうですか。

__________ __________ buying a new bag?

(5) ごみは指定の場所に捨てなければなりません。

Garbage __________ __________ put in the designated place.

(6) 残念ながら，その日は家にいません。

__________, I won't be home that day.

4 日本語の意味に合うように，(　　)内の語句を並べかえましょう。

(1) 残念ながら今日は将棋をする時間がありません。

(have / afraid / don't / I'm / time / I) for *shogi* today.

____

(2) あなたは気象情報をもっと頻繁にチェックする必要があります。

(you / for / it's / to / necessary / check) weather reports more often.

____

(3) 新大阪まで新幹線を利用したらどうでしょう。

(suggest / we / to / take / I / the Shinkansen) Shin-Osaka.

____

(4) 沖縄へ行ったら離島めぐりをするべきだと思いますよ。

I (the remote islands / think / should / you / in / tour) Okinawa.

____

(5) 朝顔の栽培は手をかけすぎないほうがよいです。

(not / you / advise / to / I / care) for morning glory flowers too much.

____

(6) 新しいショッピングモールへ行きませんか。

(like / visit / would / to / a new / you) shopping mall?

____

LESSON 3

提案・助言／必要性・義務／勧誘／受諾・辞退 教科書 pp.22-27

STEP 3 まとめ問題

1 (　　)内に与えられた語句を必要なら形を変えて使い，英文を完成させましょう。

(1) このプロジェクトは延期すべきだと思います。(we / postpone)

____

(2) 私の町では春に奉仕作業をすることになっています。(suppose / service work)

____

(3) パーティーのことをもっと早く知っていればよかったのですが。(wish / know)

____

(4) 上野へ花見に行くのはどうですか。(about)

____

2 日本語に合うように，英文を完成させましょう。

(1) すべての犬はワクチンを打つ必要があります。

It's ______________________________ be vaccinated.

(2) 父は，夜遅くではなく朝早くに勉強するよう助言してくれました。

My father ______________________________ instead of late at night.

3 次の４つの項目を入れて，サッカーの試合に負けて落胆している友だちを励ますことばを英語で表現しましょう。

① 負けた試合のことは考えないほうがよい。
② 各選手の技術(skills)を改善するべきだ。
③ チームワークとコミュニケーションが大切にされなければならない。
④ ともかく今日は映画でも見てリラックスしたらどうか。

____
____
____
____
____
____

LISTENING

会話を聞いて，(1)〜(4)の内容を書きとりましょう。

華とロンが「エコツーリズム」について話しています。(*H:* Hana *R:* Ron)

H: Have you ever heard of the term "ecotourism"?

R: No, but is it a combination of "economy" and "tourism"?

H: Not really. You see, "eco" in "ecotourism" stands for "ecology," not "economy."

R: I see, so it isn't about money. Then, what is "ecotourism"?

H: It's a government's program to encourage people to visit tourist spots through a new style of traveling.

R: A new style of traveling?

H: Yes. Instead of going around tourist spots quickly, (1)________________ their time and appreciate the nature, history, and culture.

R: (2)________________. So, (3)________________ the environment even during travel. Do you know any of these tourist spots?

H: Yes, Yakushima. If you go there, an official certified guide can take you around Yakushima respecting its natural environment. In addition, you can learn not only about its beautiful sites but also about its traditional culture and the people's way of living.

R: I see. Now I want to experience ecotourism in Yakushima.

H: Great! (4)________________ this summer? I'm sure you would have a great trip.

(1) ________________________________

(2) ________________________________

(3) ________________________________

(4) ________________________________

LESSON 4

依頼・要請／許可

教科書 pp.28-33

STEP 1 基本問題

❶ 依頼・要請

1　日本語の意味に合うように(　　)内の語句を並べかえ，文全体を書き直しましょう。

(1) 塩をとってください。
(you / me / can / pass) the salt?

____

(2) だれかごみ拾いを手伝ってください。
(me / someone / help / will) pick up trash?

____

(3) タクシーを呼んでくださいませんか。
(you / a taxi / call / would) for me?

____

(4) この手紙の投函をお願いしてもよいですか。
(could / ask / I / you) to post the letter?

____

(5) ランチの手配をお願いしてもよろしいでしょうか。
I (if / wonder / could / you) arrange for lunch.

____

(6) 花に水をあげていただけますか。
(watering / you / would / mind) the flowers?

____

(7) ご一報いただけるとありがたいです。
I (would / it / appreciate / if) you could let me know.

____

2　次の英文を日本語に訳しましょう。

(1) I wonder if you could perform a song for us.

____

(2) I would appreciate it if you could answer my questions.

____

(3) Would you mind changing your seat?

____

❷ 許可

1　日本語の意味に合うように(　　)内の語句を並べかえ，文全体を書き直しましょう。

(1) 辞書を借りてもよいですか。
(borrow / can / your dictionary / I)?

(2) お名前をうかがってもよろしいですか。
(your name / I / may / ask), please?

(3) 明日休みを取ることはできないでしょうか。
(could / take / I / a day off) tomorrow?

(4) よかったら私のペンを使ってください。
You (if / use / my pen / can) you like.

(5) ラジオをつけてもよろしいでしょうか。
(if / mind / do / you) I turn on the radio?

(6) 美術館内で写真を撮ることはできません。
(allowed / aren't / you / to) take pictures in the museum.

2　次の英文を日本語に訳しましょう。

(1) Could I visit you during your lunch break?

(2) Do you mind if I have a ride in your car?

(3) You are not allowed to bring food into the park.

(4) (お菓子などを配るときに) You can have some if you like.

LESSON 4

依頼・要請／許可

教科書 pp.28-33

STEP 2 実践問題

1 (　　)内から適切な語句を選びましょう。

(1) (Could you / May I) do me a favor?

(2) I would appreciate it if you (can / could) let me know your schedule.

(3) Do you (mind / like) if I shut the door?

(4) You (don't allow / aren't allowed) to enter the room during the screening.

(5) (Could I / Would you) ask you about your family?

(6) I (wonder / think) if I could join you.

(7) (May I / Can you) share the information with you?

(8) Is it OK (if / that) I park my bike here?

(9) Can you (probably / possibly) help me?

2 例にならって下線部の誤りを訂正し，文全体を書き直しましょう。

(例) My father always <u>keep my</u> promise. → My father always keeps his promise.

(1) Do you mind <u>to walk</u> my dogs?

____

(2) I have a headache. <u>Shall</u> I go home now?

____

(3) Would you mind if <u>borrowing</u> your racket?

____

(4) <u>Could I</u> bring me some tea?

____

(5) You aren't allowed <u>answering</u> your cell phone during the meeting.

____

(6) We'd appreciate <u>you</u> if you would sign up on the web.

____

3 日本語に合う英文になるように，空所に適切な語を入れましょう。

(1) 彼へのメッセージをお願いできないでしょうか。

__________ __________ please give him a message?

(2) 私に説明させてください。

__________ __________ to explain.

(3) それについてあなたの意見を聞かせてくれませんか。

__________ __________ tell me your opinion about that?

(4) エアコンを切ってもよろしいでしょうか。

Do you __________ if __________ turn off the air conditioner?

(5) すぐにデータを送っていただけますか。

__________ I ask you __________ send me the data right away?

(6) 加藤さんとお話できますでしょうか。

__________ it be possible __________ speak to Mr. Kato?

4 日本語の意味に合うように，(　　)内の語句を並べかえましょう。

(1) この手紙を日本語に翻訳していただけると幸いです。

I (it / you / would / if / could / appreciate) translate this letter into Japanese.

____

(2) だれかこの石を庭へ運んでくれませんか。

(please / someone / this stone / can / to / carry) the garden?

____

(3) 授業のはじめに自己紹介をしていただけませんか。

(at / introducing / mind / do / yourself / you) the beginning of the class?

____

(4) 明日の5時に駅で会えませんか。

(meet / the station / I / you / at / can) at five tomorrow?

____

(5) よかったらこの傘をお持ちください。

(umbrella / you / if / take / can / this) you like.

____

(6) パーティーのスピーチをあなたにお願いできないでしょうか。

(could / wonder / make / you / if / I) a speech at the party.

____

LESSON 4

依頼・要請／許可

教科書 pp.28-33

STEP 3 まとめ問題

1 (　　)内に与えられた語を必要なら形を変えて使い，英文を完成させましょう。

(1) この本を家へ持ち帰ってもよいですか。(take)

____

(2) 部屋の電灯を消してくださいませんか。(mind / turn)

____

(3) 宿泊者が午後 10 時以降に外出することは認められていません。(guests / allow)

____

2 日本語に合うように，英文を完成させましょう。

(1) 駅まで道案内していただけると幸いです。

I ______________________________ show me the way to the station.

(2) よかったらこの席に座ってください。

You ______________________________________ like.

3 次の 4 つの項目を入れて，ブラウン氏(Mr. Brown)に同窓会の案内をするためのボイスメールを英語で表現しましょう。

① 自分は田中幸恵(たなかゆきえ)といい，1994 年に城南(じょうなん)高校のブラウン氏の英語のクラスにいた。

② 城南高校を卒業してから 30 年が経ち，8 月 13 日に高田プリンスホテルで同窓会(reunion)を開催することになった。

③ 忙しいとは思うが，是非とも出席していただけないか。

④ 後日，案内ハガキを送る。5 月 31 日までに返信ハガキ(reply card)で返事をいただけると幸いである。

____

____

____

____

____

____

____

LISTENING

会話を聞いて，(1)〜(5)の内容を書きとりましょう。

華とロンは文化祭のイベントについて話し合っています。(*H:* Hana *R:* Ron)

H: (1)＿＿＿＿＿＿＿＿＿＿＿?

R: Sure. What can I do for you?

H: Well, I want to do something for the whole school at the school festival. (2)＿＿＿＿＿＿＿＿＿＿＿ join me.

R: That sounds interesting! Do you have any ideas?

H: I'm just starting to think about it, but how about holding a presentation contest? It will be a great opportunity for students. I want it to be a place where they can express what they usually keep in their hearts.

R: That's a good idea! I think (3)＿＿＿＿＿＿＿＿＿＿＿ in public. They rarely have a chance to do that.

H: I'm glad you like my idea. (4)＿＿＿＿＿＿＿＿＿＿＿ concrete plans and make a flyer to recruit participants?

R: Sure, (5)＿＿＿＿＿＿＿＿＿＿＿.

(1) ＿＿＿＿＿＿＿＿＿＿＿＿＿＿＿＿＿＿＿＿＿＿＿＿

(2) ＿＿＿＿＿＿＿＿＿＿＿＿＿＿＿＿＿＿＿＿＿＿＿＿

(3) ＿＿＿＿＿＿＿＿＿＿＿＿＿＿＿＿＿＿＿＿＿＿＿＿

(4) ＿＿＿＿＿＿＿＿＿＿＿＿＿＿＿＿＿＿＿＿＿＿＿＿

(5) ＿＿＿＿＿＿＿＿＿＿＿＿＿＿＿＿＿＿＿＿＿＿＿＿

LESSON 5

感謝／祝福・喜び／同情／心配・懸念 教科書 pp.36-41

STEP 1 基本問題

① 感謝

1 日本語の意味に合うように(　　)内の語句を並べかえ，文全体を書き直しましょう。

(1) ご親切にありがとう。

(your / you / thank / for) kindness.

(2) あなたのアドバイスに感謝します。

(appreciate / advice / your / I).

(3) 私は看護師さんたちに感謝しています。

I (grateful / the nurses / am / to).

(4) 傘を届けてくださってありがとうございます。

(of / it's / you / kind) to deliver my umbrella.

2 次の英文を日本語に訳しましょう。

I'm grateful to my friends for their support.

② 祝福・喜び

1 日本語の意味に合うように(　　)内の語句を並べかえ，文全体を書き直しましょう。

(1) 就職おめでとう。

(getting / congratulations / a new job / on).

(2) よかったですね。

(for / happy / you / I'm).

(3) 彼女は彼の成功を喜んでいます。

(is / she / at / delighted) his success.

2 次の英文を日本語に訳しましょう。

I will be delighted to help you.

③ 同情

1 日本語の意味に合うように(　　)内の語句を並べかえ，文全体を書き直しましょう。

(1) それは残念でしたね。

(sorry / know / I'm / to) that.

(2) それは大変だったでしょう。

It (been / have / tough / must).

(3) 心よりお見舞い申し上げます。

(are / my thoughts / you / with).

(4) あなたの悲しみは想像もつきません。

(I / your sadness / cannot / imagine).

2 次の英文を日本語に訳しましょう。

(1) It's a shame that this library is closing.

(2) If there is anything I can do, I will be there as soon as I can.

④ 心配・懸念

1 日本語の意味に合うように(　　)内の語句を並べかえ，文全体を書き直しましょう。

(1) 彼女はレポートのことを心配しています。

(about / worried / her paper / she's).

(2) あなたの健康を心配しています。

(concerned / for / I'm / your health).

(3) 今年の夏は水不足になることが懸念されます。

(that / is / concern / there) we will have water shortages this summer.

2 次の英文を日本語に訳しましょう。

My mother is concerned about the electric bill.

LESSON 5

感謝／祝福・喜び／同情／心配・懸念 教科書 pp.36-41

STEP 2 実践問題

1 (　　)内から適切な語句を選びましょう。

(1) Congratulations (on / for) your win.
(2) He is (worries / worrying) about everything.
(3) I (appreciate / am appreciated) your consideration.
(4) (There is / I am) concern that we may not get clean water.
(5) Thanks (to / for) helping me clean up.
(6) (He is / It is) a shame he can't come to the party.
(7) It's kind (of / for) you to carry my bags.
(8) My thoughts are (to you / with you).
(9) She is (concerned / concerning) about your future.
(10) I'm sorry (to hear / hearing) that.

2 例にならって下線部の誤りを訂正し，文全体を書き直しましょう。

(例) My father always <u>keep my</u> promise. → My father always keeps his promise.

(1) We are grateful <u>for Mary to her</u> tennis instruction.

____

(2) I'm sorry <u>hearing</u> about your car accident.

____

(3) <u>I'm honor</u> to be with you.

____

(4) He <u>was delightful</u> to see his grandchildren.

____

(5) <u>We concern</u> that there may be a problem with the engine.

____

(6) I appreciate <u>to have your message</u>.

____

(7) <u>It's glad</u> you are out of the hospital.

____

(8) Thanks <u>of</u> your advice, I completed the work.

____

3 日本語に合う英文になるように，空所に適切な語を入れましょう。

(1) それはお気の毒に。

______ too ______.

(2) よいお年をお迎えください。

______ ______ you a Happy New Year.

(3) 地図を描いてくださってありがとうございます。

______ kind ______ you to draw me a map.

(4) 彼女が心配しているのはボブの忙しい生活です。

______ ______ is Bob's busy life.

(5) 彼女がチームを離れなければならなかったのは残念です。

______ a ______ she had to leave her team.

(6) 彼はアメリカで苦労したのでしょうね。

He must ______ ______ a hard time in the U.S.

4 日本語の意味に合うように，(　　)内の語句を並べかえましょう。

(1) お気持ちはお察ししますよ。

(imagine / how / feel / can / I / you).

______

(2) コンクールで優賞されたとのこと，よかったですね。

(you / to / hear / happy / I'm / won) the competition.

______

(3) 彼女はいつも息子たちを誇りに思っています。

(always / of / she / her sons / proud / is).

______

(4) ゲームは子どもたちの目に悪いのではないかという懸念があります。

(that / could / video games / there's / be / concern) harmful to children's eyes.

______

(5) 私にできることはありますか。

Is (do / I / anything / there / can / to) help?

______

(6) そんなことをして大丈夫なのですか。

(it / that / do / OK / is / to)?

______

LESSON 5

感謝／祝福・喜び／同情／心配・懸念 教科書 pp.36-41

STEP 3 まとめ問題

1 (　　)内に与えられた語を必要なら形を変えて使い，英文を完成させましょう。

あなたは何を心配しているのですか。(worry)

＿＿＿＿＿＿＿＿＿＿＿＿＿＿＿＿＿＿＿＿＿＿＿＿＿＿＿＿＿＿

2 日本語に合うように，英文を完成させましょう。

(1) 大学進学おめでとう。

＿＿＿＿＿＿＿＿＿＿＿＿＿＿＿＿＿＿＿＿＿＿＿＿＿＿ college!

(2) けがをして大変でしたね。

＿＿＿＿＿＿＿＿＿＿＿＿＿＿＿＿＿＿＿＿＿＿＿＿＿ your injury.

3 次の日本語を英語に直しましょう。

(1) 何かとお世話になり，ありがとうございました。

＿＿＿＿＿＿＿＿＿＿＿＿＿＿＿＿＿＿＿＿＿＿＿＿＿＿＿＿＿＿

(2) 彼女がこの場にいないことは残念です。

＿＿＿＿＿＿＿＿＿＿＿＿＿＿＿＿＿＿＿＿＿＿＿＿＿＿＿＿＿＿

4 次の４つの項目を入れて，ティムとリナの会話を英語で表現しましょう。

① リナは英語の面接(English interview)を受けた。事前にティムの手ほどきを受けたので，うまくいった。ティムに感謝している。

② リナの話を聞いてティムは喜んでいる。

③ ティムは８月 11 日にバーベキューパーティーを開くので，多くの友だちに来てほしいと思っている。リナは，その日は地元の花火大会があるので，みんなそちらに行きたいのではないかと懸念する。

④ ティムは計画を変更し，リナを花火に誘う。リナは喜ぶ。

Tim: ＿＿＿＿＿＿＿＿＿＿＿＿＿＿＿＿＿＿＿＿＿＿＿＿

Rina: ＿＿＿＿＿＿＿＿＿＿＿＿＿＿＿＿＿＿＿＿＿＿＿＿

Tim: ＿＿＿＿＿＿＿＿＿＿＿＿＿＿＿＿＿＿＿＿＿＿＿＿

Rina: ＿＿＿＿＿＿＿＿＿＿＿＿＿＿＿＿＿＿＿＿＿＿＿＿

Tim: ＿＿＿＿＿＿＿＿＿＿＿＿＿＿＿＿＿＿＿＿＿＿＿＿

Rina: ＿＿＿＿＿＿＿＿＿＿＿＿＿＿＿＿＿＿＿＿＿＿＿＿

LISTENING

会話を聞いて，(1)〜(3)の内容を書きとりましょう。

エイミーはオーストラリアの親友に送る誕生日カードを書いています。

(*A:* Amy *T:* Taku)

T: You're really focused on something. What are you writing?

A: I'm writing a birthday message to my best friend Megan, who is now studying Japanese at a secondary school in Melbourne. I'm trying to write everything in Japanese, but it's so hard (1)____________________.

T: Why don't you write it in English?

A: We've been studying Japanese since elementary school and when I left Australia for Japan, we promised to practice using Japanese as much as possible.

T: I'm so impressed with you two.

A: (2)____________________ so that she can apply for an exchange program with a high school in Japan.

T: If she's selected for the program, you can see her in Japan, right?

A: Exactly! (3)____________________, but it's so much nicer to see our best friend face-to-face. Anyway, I should finish my card.

(1) ____

(2) ____

(3) ____

LESSON 6

苦情／謝罪／譲歩

教科書 pp.42-47

STEP 1 基本問題

① 苦情

1　日本語の意味に合うように(　　)内の語を並べかえ，文全体を書き直しましょう。

(1) 私は彼女の返事が気に入りません。

(with / I'm / happy / not) her answer.

____

(2) この掃除機はどこか調子が悪いです。

(is / there / wrong / something) with this cleaner.

____

(3) 彼が嘘をついたことは残念です。

(disappointing / he / it's / that) lied.

____

2　次の英文を日本語に訳しましょう。

Is there something wrong with Alice?

____

② 謝罪

1　日本語の意味に合うように(　　)内の語を並べかえ，文全体を書き直しましょう。

(1) あなたに間違った情報をお話しして申し訳ありません。

(for / apologize / I / giving) you the wrong information.

____

(2) 彼らは私のせいで遅刻したのです。

(fault / my / it / was) that they were late.

____

(3) 手続きが遅れましたことをお詫び申し上げます。

(accept / please / apologies / my) for the delay in processing.

____

2　次の英文を日本語に訳しましょう。

I'm sorry, but I must have the wrong person.

____

❸ 譲歩

1　日本語の意味に合うように(　　)内の語を並べかえ，文全体を書き直しましょう。

(1) 雨が降っていたのに，彼は傘を持っていきませんでした。
(raining / although / was / it), he did not take his umbrella with him.

(2) 冬だというのに，彼はよくビーチへ行きます。
(though / winter / it / is), he often goes to the beach.

(3) 休日でしたが，父は仕事に行きました。
(was / even / it / though) his day off, my father went to work.

(4) たとえ熱があっても，彼女は試合に出るでしょう。
(if / she / has / even) a fever, she will be in the game.

(5) どれだけ値段が高くても，そのケーキはよく売れます。
(are / however / they / expensive), their cakes sell well.

2　次の英文を日本語に訳しましょう。

(1) Even if he is smart, he won't be able to solve the mystery.

(2) Though it is a bit old, you can eat this bread.

(3) Although I walk my dog every day, she is fat.

(4) I watched TV until late again today, even though I have exams starting tomorrow.

(5) No matter how beautiful they are, those flowers are only artificial.

LESSON 6

苦情／謝罪／譲歩

教科書 pp.42-47

STEP 2 実践問題

1 (　　)内から適切な語句を選びましょう。

(1) It was my fault (for not locking / not to lock) the window.

(2) I apologize (to keep / for keeping) you waiting.

(3) (There is / There seems) to be a problem with the system.

(4) It is (disappointing / disappointed) that the soup was cold.

(5) (Even if / Despite) you offer me a lot of money, I won't sell this ring.

(6) I'm not happy (of / with) your letter.

(7) (Something wrong is / There is something wrong) with my earphones.

(8) I'm (happy / sorry), I don't understand French.

(9) (Although / However) I did my best, I didn't get a good score.

(10) Please (accept our apologies / apologize) for the loss of your luggage.

2 例にならって下線部の誤りを訂正し，文全体を書き直しましょう。

(例) My father always keep my promise. → My father always keeps his promise.

(1) You have something wrong with your motorcycle.

____

(2) Even if it was crowded, the amusement park was fun.

____

(3) There seems to mistake a math error in the report.

____

(4) I apologize you for overlooking the danger.

____

(5) How fast you may walk, you won't catch up with him.

____

(6) I'm sorry for you to my mistake.

____

(7) I'm disappointing that you never remember my name.

____

(8) Please accept my apologize for any trouble.

____

3 日本語に合う英文になるように，空所に適切な語を入れましょう。

(1) 若いにもかかわらず，彼女は多くのことを知っています。

__________ __________ she is young, she knows a lot of things.

(2) 遅れてすみません。

Please __________ me for __________ late.

(3) この料理はサンプルよりも小さくてがっかりでした。

I __________ __________ that this dish was smaller than the sample.

(4) 以後気をつけます。

I'll __________ __________ from now on.

(5) 部屋のテレビが映りません。

The TV in my room __________ __________.

(6) あなたがだれであろうと，規則を守らなければなりません。

__________ matter __________ you are, you must follow the rules.

(7) 心よりお詫び申し上げます。

Please __________ my sincere __________.

4 日本語の意味に合うように，(　　)内の語句を並べかえましょう。

(1) レストランの予約をしなかったのは私のミスです。

(not / it / booking / my fault / was / for) the restaurant.

____

(2) ご気分を害されたのであれば，お詫び申し上げます。

I'm (you / have / I / sorry / offended / if).

____

(3) あなたの作文には間違いがあるようです。

(mistakes / to / be / seem / in / there) your essay.

____

(4) たとえ忙しくても，本日中に返信をお願いします。

Please (if / are / even / you / today / reply) busy.

____

(5) 彼は無名の俳優ではありますが，よい演技をします。

(an / though / unknown / he / actor / is), he is a good performer.

____

LESSON 6

苦情／謝罪／譲歩

教科書 pp.42-47

STEP 3 まとめ問題

1 (　　)内に与えられた語を必要なら形を変えて使い，英文を完成させましょう。

(1) あなたの腕時計を壊して申し訳ありません。(apologize / break)

____

(2) そのカメラがなくなったのは私の責任です。(fault / go)

____

2 日本語に合うように，英文を完成させましょう。

たとえ暑くなっても，今日はエアコンを使うつもりはありません。

I won't use the air conditioner today ______________________________.

3 次の２つの項目を入れて，カイ(Kai)とカスタマーサービス(customer service team)がやりとりしたメール文を英語で表現しましょう。

①(カイ)　オンラインショップで購入したワイヤレスマウスの色が注文と違った。付属のUSB ケーブルもついていなかった。商品の交換を希望する。

②(カスタマーサービス)　迷惑をかけて申し訳なかった。改めて商品を発送した。手元にある商品を返品する必要はない。

____

____

____

____

____

____

____

____

LISTENING

会話を聞いて，(1)〜(2)の内容を書きとりましょう。

華はオンラインストアで購入した漫画のことで悩んでいます。(*H:* Hana *R:* Ron)

H: You know I always wanted to study English by reading Japanese *manga* in English.

R: Yeah, and I suggested you should get *Demon Slayer* from an online bookstore in the U.S.

H: So I took your advice and ordered it. The package arrived yesterday, but the cover of the *manga* was torn! (1)＿＿＿＿＿＿＿＿＿＿.

R: Oh, no! Poor Hana.

H: (2)＿＿＿＿＿＿＿＿＿＿ they didn't package the *manga* properly. I ordered it all the way from Japan.

R: I think you should ask them to exchange it for a new copy.

H: But it's a bit hard for me to contact them in English.

R: It's not a big deal! I'll be happy to help you with it.

(1) ＿＿＿＿＿＿＿＿＿＿＿＿＿＿＿＿＿＿＿＿

(2) ＿＿＿＿＿＿＿＿＿＿＿＿＿＿＿＿＿＿＿＿

LESSON 7

時間的順序／空間的配列・方向／数量(比較)／方法・様態 教科書 pp.50-55

STEP 1 基本問題

❶ 時間的順序

1 日本語の意味に合うように(　　)内の語句を並べかえ，文全体を書き直しましょう。

(1) 私はこの仕事を終えてから昼食に行きます。

I'll go to lunch (finish / after / this work / I).

____

(2) 彼は北海道で初めて乗馬を楽しみました。

He (horseback riding / the first / enjoyed / for) time in Hokkaido.

____

(3) 私はまず窓をあけて，それから部屋の掃除をしました。

First (opened / I / and then / the windows / ,) I cleaned the room.

____

2 次の英文を日本語に訳しましょう。

She watched the weather forecast before going out.

____

❷ 空間的配列・方向

1 日本語の意味に合うように(　　)内の語句を並べかえ，文全体を書き直しましょう。

(1) 門の前に車をとめないでください。

Do not park your car (of / front / in / the gate).

____

(2) 左側の白い建物が見えますか。

Do you (the left / see / on / the white building)?

____

(3) 清水寺は京都の東部に位置しています。

Kiyomizu Temple (located / is / the eastern / in) part of Kyoto.

____

2 次の英文を日本語に訳しましょう。

Swans fly back to the north in the spring.

____

③ 数量(比較)

1　日本語の意味に合うように(　　)内の語句を並べかえ，文全体を書き直しましょう。

(1) 福島県の広さは東京都の約 6 倍です。

Fukushima Prefecture is about (six / large as / times / as) Tokyo.

(2) 兄は私の 2 倍の量を食べます。

My brother (as much / as / eats / twice) I do.

(3) 妹は私より 3 歳年下です。

My sister is (than / three / younger / years) me.

(4) 彼女は私の半分の数の本を持っています。

She has (as / as I / many books / half) have.

2　次の英文を日本語に訳しましょう。

Compared to five years ago, the number of customers at this store has decreased by half.

④ 方法・様態

1　日本語の意味に合うように(　　)内の語句を並べかえ，文全体を書き直しましょう。

(1) 彼は眼を閉じたまま歌っていました。

He was (with / singing / closed / his eyes).

(2) 私たちは昔ながらの方法でご飯を炊いています。

We cook (in / the traditional / rice / way).

(3) 黒い猫が子猫をくわえて歩いていました。

A black cat was walking (a kitten / with / her mouth / in).

2　次の英文を日本語に訳しましょう。

We made travel plans over a cup of coffee.

LESSON 7

時間的順序／空間的配列・方向／数量(比較)／方法・様態 教科書 pp.50-55

STEP 2 実践問題

1 (　　)内から適切な語を選びましょう。

(1) Please use the parking lot (in / on) the south side of the school building.

(2) The boy was sitting with his legs (dangling / dangled).

(3) It has been raining (for / since) last night.

(4) I studied twice as (many / much) as she did.

(5) (Compared / Comparing) to last year, there is more rain this year.

(6) Can I try this sweater on (after / before) deciding to buy it?

(7) I'll be there (in / by) ten minutes.

(8) Canada is the second largest country (than / after) Russia.

(9) Keep walking (along / toward) the back of the zoo.

(10) Let's do it (different / differently) today.

2 各組の文がほぼ同じ意味になるように，空所に適切な語を入れましょう。

(1) · Nancy turned off the light and left her room.
　· Nancy left her room __________ __________ off the light.

(2) · She sat on the sofa, folding her arms.
　· She sat on the sofa __________ her arms __________.

(3) · He stood up, holding his hat in his hand.
　· He stood up __________ his hat __________ his hand.

(4) · Reading a newspaper, he drank coffee.
　· He drank coffee __________ __________ a newspaper.

(5) · The United States is three times the size of India.
　· The United States is three times __________ __________ India.
　· The United States is three times __________ __________ as India.

(6) · Tim is five years younger than Kevin.
　· Tim is __________ than Kevin __________ five years.
　· Kevin is five years __________ __________ Tim.
　· Kevin is senior __________ Tim __________ five years.

3 日本語に合う英文になるように，空所に適切な語を入れましょう。

(1) 犬は人間の数倍の速さで年を取ります。

Dogs age several ＿＿＿＿＿ ＿＿＿＿＿ than humans.

(2) 試験まで残りあと３日です。

＿＿＿＿＿ are only three days left ＿＿＿＿＿ the exam.

(3) 彼らは歌を歌いながらやってきました。

They ＿＿＿＿＿ ＿＿＿＿＿ a song.

(4) トンネルを抜けると新潟県です。

＿＿＿＿＿ passing ＿＿＿＿＿ the tunnel, we will be in Niigata Prefecture.

(5) 私がお手伝いできるのは，これが最後です。

This is the ＿＿＿＿＿ ＿＿＿＿＿ I can help you.

(6) スマートフォンを見ながら自転車に乗ってはいけません。

You must not ride a bike ＿＿＿＿＿ your eyes ＿＿＿＿＿ your phone.

4 日本語の意味に合うように，(　　)内の語句を並べかえましょう。

(1) 私たちは雨がやむまで喫茶店にいました。

We stayed (until / in / the rain / the coffee shop / stopped).

＿＿＿＿＿＿＿＿＿＿＿＿＿＿＿＿＿＿＿＿＿＿＿＿＿＿

(2) この山の向こう側には何がありますか。

(is / side / what / of / the other / on) this mountain?

＿＿＿＿＿＿＿＿＿＿＿＿＿＿＿＿＿＿＿＿＿＿＿＿＿＿

(3) バングラデシュは日本の５倍米を消費しています。

(rice / much / consumes / Bangladesh / times / as / five) as Japan.

＿＿＿＿＿＿＿＿＿＿＿＿＿＿＿＿＿＿＿＿＿＿＿＿＿＿

(4) 今月の売り上げは先月の８割です。

(80 percent / sales / are / last month's / of / this month).

＿＿＿＿＿＿＿＿＿＿＿＿＿＿＿＿＿＿＿＿＿＿＿＿＿＿

(5) できるだけ早く帰ってきなさい。

(as / you / come / as soon / back / can).

＿＿＿＿＿＿＿＿＿＿＿＿＿＿＿＿＿＿＿＿＿＿＿＿＿＿

(6) 長野県は本州の中央部に位置しています。

Nagano Prefecture (of / the central / in / is / part / located) Honshu.

＿＿＿＿＿＿＿＿＿＿＿＿＿＿＿＿＿＿＿＿＿＿＿＿＿＿

LESSON 7

時間的順序／空間的配列・方向／数量(比較)／方法・様態 教科書 pp.50-55

STEP 3 まとめ問題

1 (　　)内に与えられた語を必要なら形を変えて使い，英文を完成させましょう。

私は何も食べずに寝ました。(eat)

____

2 日本語に合うように，英文を完成させましょう。

キャンペーン後にはごみの量が半分に減りました。

The amount of garbage ______________________________.

3 次の日本語を英語に直しましょう。

(1) 彼女は白い服を着てパーティーに来ました。

____

(2) その角を右へ曲がるとパン屋があります。

____

4 圭太(けいた)はフレンチトースト(French toast)の作り方を紹介しています。次の５つの項目を入れて，レシピを英語で表現しましょう。

① 浅い皿に，卵２個，牛乳大さじ(tablespoon)２，砂糖小さじ(teaspoon)２，挽いたシナモン(ground cinnamon)小さじ４分の１を入れ，混ぜる。

② パンを卵液(egg mixture)に浸し，両面を覆うようにする。

③ 薄く油をひいたフライパン(a lightly oiled frying pan)を中火(medium heat)で熱する。

④ フライパンにパンを並べ，両面をきつね色(golden brown)になるまで焼く。片面あたり約２～３分かかる。

⑤ 慣れる(get used to)まではレシピ通りに作ることが大切だ。

____

____

____

____

____

____

LISTENING

会話を聞いて，(1)〜(5)の内容を書きとりましょう。

エイミーと華とロンがパンケーキについて話しています。(*A:* Amy　*H:* Hana　*R:* Ron)

A: What's new?

H: Well, I went to (1)________________ yesterday. The pancake was yummy!

A: Oh, I want to eat it! (2)________________?

H: Yes, I waited for about an hour, but I love pancakes, so it was worth it.

R: You know what? I have various hobbies, and one of them is cooking. I can give you my special recipe.

A: Teach me, please! Wait! I'll get a memo and a pen.... OK. Ready.

R: First, mix flour, sugar, baking powder, and salt in the bowl. (3)________________. (4)________________.

H: Are you finished? Was that the special recipe?

R: No, not yet. Cook it until the surface of the pancake has some bubbles and then flip it carefully. Cook until it's browned on the underside. (5)________________. Done!

A: Got it! It's easy to remember! It sounds delicious. I'll try it.

R: Easy and yummy! That's why I said "special."

(1) ________________________________

(2) ________________________________

(3) ________________________________

(4) ________________________________

(5) ________________________________

LESSON 8

描写・説明

教科書 pp.56-61

STEP 1 基本問題

① 人物の描写・説明(見てわかる様子の描写)

1 日本語の意味に合うように(　　)内の語句を並べかえ，文全体を書き直しましょう。

(1) ステージでピアノを弾いている女の子を見てください。

Look (the piano / playing / the girl / at) on the stage.

(2) 泣いている女の子はリサの妹です。

(Lisa's / the crying / is / girl) sister.

(3) 彼は毎日ここを通るお年寄りです。

He (who / is / passes / an elderly man) through here every day.

2 次の英文を日本語に訳しましょう。

(1) Mr. Tanaka consoled the discouraged student.

(2) Who is the girl that just left the room?

② 人物の描写・説明(外見以外の描写)

1 日本語の意味に合うように(　　)内の語句を並べかえ，文全体を書き直しましょう。

(1) ヘレンは母親が医者である看護師です。

Helen is (whose / a nurse / is / mother) a doctor.

(2) 彼はこの近くに住む学生です。

He is (near here / who / lives / a student).

(3) 彼はあなたが大好きな歌手ですか。

Is (you / the singer / like / he) very much?

2 次の英文を日本語に訳しましょう。

She's the last person to catch a cold.

③ 事物の描写・説明

1　日本語の意味に合うように(　　)内の語句を並べかえ，文全体を書き直しましょう。

(1) これは高齢者の歩行を支援するロボットです。

This is (assists / a robot / the elderly / which) in walking.

(2) これは50年前の庶民の生活を伝える写真です。

This is (the lives / a photo / of / showing) common people 50 years ago.

(3) 彼女は私に同意してくれた唯一の人でした。

She (that / was / agreed / the only one) with me.

(4) 彼の訪問は彼女にとって最も喜ばしいことでした。

(pleased / his visit / what / was) her most.

2　次の英文を日本語に訳しましょう。

She presented me with a towel she had bought with her first salary.

④ 場所や時間の描写・説明

1　日本語の意味に合うように(　　)内の語句を並べかえ，文全体を書き直しましょう。

(1) その体育館は私が卓球の練習をする場所です。

The gym (where / the place / I / is) practice table tennis.

(2) お帰りになる日をお知らせください。

Please let me (the day / when / know / you) will return.

(3) コーヒーブレイクは私がリラックスできる時間です。

Coffee break (is / can / a time / I) relax.

2　次の英文を日本語に訳しましょう。

Sapporo, where I stay every summer, is hot during the day.

LESSON 8

描写・説明

教科書 pp.56-61

STEP 2 実践問題

1 (　　)内から適切な語句を選びましょう。

(1) This is a song (that cheers me up / cheered me up).

(2) Fifteen years ago today was the day (when / what) my brother was born.

(3) Remember the place (which / where) you saw Mike yesterday.

(4) This computer, (that / which) I bought last year, often breaks down.

(5) (Twittering birds / Birds twittering) are surprisingly noisy.

(6) The pen (leaving / left) on the desk is Ann's.

(7) We visited a factory (which / where) canned salmon is produced.

(8) I have several friends (whose / who) family name is Suzuki.

(9) (That / What) impressed me most during the three years was the school trip.

(10) There were many people (who looked bored / looked bored) in the park.

2 例にならって下線部の誤りを訂正し，文全体を書き直しましょう。

(例) My father always keep my promise. → My father always keeps his promise.

(1) The hotel which I stayed last year seemed to be well-run.

____

(2) I don't like to work with Jim who is lazy.

____

(3) Folk crafts are handicrafts using by ordinary people in their daily lives.

____

(4) My host family in Canada gave me a wonderful time when I'll never forget.

____

(5) She is the last person breaking her promise.

____

(6) There are two occasions in a year that students have to take oral exams in Mrs. White's class.

____

(7) Even people smiling have a hard time.

____

3 日本語に合う英文になるように，空所に適切な語を入れましょう。

(1) ここは30頭の牛が飼育されている農場です。

This is the ＿＿＿＿＿ ＿＿＿＿＿ 30 cows are raised.

(2) 4時までお待ちください。そのころジムは戻ってきます。

Please wait till four, ＿＿＿＿＿ Jim ＿＿＿＿＿ be back.

(3) これは私が意味を知らない語です。

This is a word ＿＿＿＿＿ ＿＿＿＿＿ I don't know.

(4) 店の前にずっと立っている男性を知っていますか。

Do you know the man ＿＿＿＿＿ has ＿＿＿＿＿ standing in front of the shop?

(5) 彼女は一緒に時間を過ごす人を必要としています。

She needs someone ＿＿＿＿＿ spends time ＿＿＿＿＿.

(6) 私は彼女の提案を受け入れる決心をしました。

I made the decision ＿＿＿＿＿ ＿＿＿＿＿ her proposal.

4 日本語の意味に合うように，(　　)内の語句を並べかえましょう。

(1) 彼はコメディアンのキャリアを持つ政治家です。

He (a politician / is / a comedian / with / as / a career).

＿＿＿＿＿＿＿＿＿＿＿＿＿＿＿＿＿＿＿＿＿＿＿＿＿＿＿＿＿＿

(2) その喫茶店は，私が毎日行くのですが，昨日は閉まっていました。

(I / every day / where / the coffee shop / go /,), was closed yesterday.

＿＿＿＿＿＿＿＿＿＿＿＿＿＿＿＿＿＿＿＿＿＿＿＿＿＿＿＿＿＿

(3) あなたが今しがた聞いた情報は間違いです。

(just / the information / heard / wrong / you / is).

＿＿＿＿＿＿＿＿＿＿＿＿＿＿＿＿＿＿＿＿＿＿＿＿＿＿＿＿＿＿

(4) 歩きながらものを食べている子どもを見たら，注意してやってください。

Give them some advice (see / eating / if / children / you / while walking).

＿＿＿＿＿＿＿＿＿＿＿＿＿＿＿＿＿＿＿＿＿＿＿＿＿＿＿＿＿＿

(5) 私たちは過ぎ去ったことを懐かしむことができますが，取り戻すことはできません。

We can (has passed / we / what / miss / can't take / which / ,) back.

＿＿＿＿＿＿＿＿＿＿＿＿＿＿＿＿＿＿＿＿＿＿＿＿＿＿＿＿＿＿

(6) ユニバーサルデザインとはすべての人にとって使いやすいデザインのことです。

Universal design means (easy / a design / to / that / use / is) for all people.

＿＿＿＿＿＿＿＿＿＿＿＿＿＿＿＿＿＿＿＿＿＿＿＿＿＿＿＿＿＿

LESSON 8

描写・説明

教科書 pp.56-61

STEP 3 まとめ問題

1 (　　)内に与えられた語を必要なら形を変えて使い，英文を完成させましょう。

彼らは台風に襲われた町を訪れしています。(visit / hit)

____

2 日本語に合うように，英文を完成させましょう。

(1) 彼女は私を最後まで信頼してくれたただ一人の友人です。

______________________________ to the end.

(2) 今日議論するのは地域社会の安全についてです。

______________________________ community safety.

3 次の日本語を英語に直しましょう。

いつ行っても混雑しているそのレストランは，おいしい料理を提供しています。

____

4 リナ，アン，ティム，ショウの４人が卒業旅行に行くことになりました。次の４つの項目を入れて，リナの提案を英語で表現しましょう。

① ワーナー ブラザーズ スタジオツアー東京(Warner Bros. Studio Tour Tokyo)がおすすめ。

② 私たち４人のだれも行ったことのないところに行きたい。

③ ３月20日より前に旅行を終えたい，というのはその日にティムがアメリカへ一時帰国するから。

④ 時間を気にしないなら高速バスを利用して旅費を抑えることもできる。

____

____

____

____

____

____

____

____

LISTENING

会話を聞いて，(1)〜(5)の内容を書きとりましょう。

エイミーが日本での留学生活を振り返り，拓に思い出を話しています。

(*A:* Amy　*T:* Taku)

A: Almost three years have passed since I came to Japan. I can't believe it.

T: Time flies like an arrow! You must have met a lot of Japanese people.

A: Yes! Well, let me see.... I remember (1)____________________. I met her on (2)____________________.

T: What happened? Tell me more about her.

A: I was lost and didn't know how to reach (3)____________________. Then she spoke to me kindly and took me there. (4)____________________.

T: She could understand you were in trouble (5)____________________. Right?

A: I think so. She must have a kind of special ability of seeing people in trouble instinctively.

T: It may be a part of the Japanese culture.

(1) ______________________________

(2) ______________________________

(3) ______________________________

(4) ______________________________

(5) ______________________________

3年の総合問題

教科書 pp.8-27

第1回 LESSON1 ～ 3

1 日本語に合う英文になるように，空所に適切な語を入れましょう。

(1) あなたが眠いのは当然です，一晩中起きていたのだから。
____________ ____________ you are sleepy, you were up all night.

(2) 私は美しい自然の中を歩くことが好きです。
I'm ____________ of ____________ in places of natural beauty.

(3) 正直に言うと，彼の考えは正しいとは思えません。
____________ ____________ honest, I don't think he is right.

(4) 彼はミナが次期リーダーになることを提案しました。
He ____________ that Mina ____________ the next leader.

(5) 明日，魚釣りに行きましょうよ。
____________ don't ____________ go fishing tomorrow?

(6) 私の考えでは，彼は投球練習をしすぎています。
____________ my ____________, he practices pitching too much.

2 日本語の意味に合うように，(　　)内の語句を並べかえましょう。

(1) 私はあなたと映画を見に行くよりも一緒に食事をしたいです。
(with you / rather / dinner / I'd / go / have / than) to a movie.

____

(2) すべての生徒が英語の試験を受ける必要があります。
(take / required / are / all / students / to) an English exam.

____

(3) 彼女がここへ来たことは疑いがありません。
(is / that / doubt / no / there) she came here.

____

(4) 今月末までにこの企画を終わらせるつもりです。
We (this project / to / by / finish / mean) the end of this month.

____

(5) 彼は外国語を話す能力に自信を持っています。
He (in / has / his ability / confidence / to) speak foreign languages.

____

(6) 午後8時以降に外出してはいけないことになっています。
You (go / not / supposed / are / to) out after 8:00 p.m.

____

3 (　　)内に与えられた語句を必要なら形を変えて使い，英文を完成させましょう。

(1) 大阪行きの最終列車は午後 11:20 に出ることになっています。(leave)

____

(2) 私は初対面の人と話すことが得意ではありません。(good, talk, new people)

____

(3) それが彼女のいちばんの魅力です。(attractive)

____

(4) 私はそのテレビドラマでお気に入りの俳優を見ることを楽しみにしています。(see)

____

4 指示がある場合はそれにしたがって，日本語に合うように，英文を完成させましょう。

(1) その映画を見た率直な感想をお話しします。

______________________________ that film.

(2) 多くのティーンエイジャーは，親と一緒に何かをすることはあえて望みません。

______________________________ with their parents.

(3) 明日ピクニックに行くことができればよいのに。(仮定法を使って)

______________________________ tomorrow.

5 次の英文を日本語に訳しましょう。

(1) It seems to me that this movie is going to be a hit.

____

(2) They are going on vacation to Hawaii in two days.

____

(3) You are strongly advised to take a break every hour when working outside.

____

3 年の総合問題

教科書 pp.28-47

第 2 回　LESSON4 ～ 6

1 日本語に合う英文になるように，空所に適切な語を入れましょう。

(1) よかったらここにお座りください。

You ＿＿＿＿＿ ＿＿＿＿＿ here if you like.

(2) 彼らの接客態度にはがっかりしました。

I'm ＿＿＿＿＿ ＿＿＿＿＿ with their service.

(3) 天気は悪かったのですが，私たちはドライブを楽しみました。

＿＿＿＿＿ the weather ＿＿＿＿＿ bad, we enjoyed driving.

(4) 新人賞の受賞おめでとう。

＿＿＿＿＿ ＿＿＿＿＿ your Rookie of the Year Award!

(5) あなたの犬におやつをあげてもいいですか。

＿＿＿＿＿ ＿＿＿＿＿ give your dog some treats?

(6) 留守にしていてすみません。

I ＿＿＿＿＿ ＿＿＿＿＿ being away.

2 日本語の意味に合うように，(　　)内の語句を並べかえましょう。

(1) どこにいようと，あなたはずっと私の友だちです。

(you / matter / are / no / where), you will always be my friend.

＿＿＿＿＿＿＿＿＿＿＿＿＿＿＿＿＿＿＿＿＿＿＿＿＿＿＿＿＿＿

(2) 子どもたちの安全が心配です。

(about / am / I / the safety / concerned) of the children.

＿＿＿＿＿＿＿＿＿＿＿＿＿＿＿＿＿＿＿＿＿＿＿＿＿＿＿＿＿＿

(3) 彼女がけがで引退しなければならなかったのは残念です。

(she / it's / to / a shame / had) retire due to an injury.

＿＿＿＿＿＿＿＿＿＿＿＿＿＿＿＿＿＿＿＿＿＿＿＿＿＿＿＿＿＿

(4) たとえ両親が反対しても，私は夢をあきらめません。

I (my dream / won't / if / give up on / even) my parents oppose it.

＿＿＿＿＿＿＿＿＿＿＿＿＿＿＿＿＿＿＿＿＿＿＿＿＿＿＿＿＿＿

(5) この絵を学校に寄付していただけないでしょうか。

I'm (if / donate / wondering / could / you) this painting to the school.

＿＿＿＿＿＿＿＿＿＿＿＿＿＿＿＿＿＿＿＿＿＿＿＿＿＿＿＿＿＿

(6) クッキーの箱がつぶれていて残念です。

(that / disappointing / the cookie box / it's / was) crushed.

＿＿＿＿＿＿＿＿＿＿＿＿＿＿＿＿＿＿＿＿＿＿＿＿＿＿＿＿＿＿

3 (　　)内に与えられた語句を必要なら形を変えて使い，英文を完成させましょう。

(1) 館内は土足禁止です。(allow)

____

(2) あなたの就職が決まったそうでうれしいです。(delight, find a job)

____

(3) もっと小さな声で話してくれませんか。(mind, speak, quiet)

____

4 日本語に合うように，英文を完成させましょう。

(1) 交通渋滞については心配する必要がありません。

There ______________________________ traffic jam.

(2) 昨日の私の発言についてあなたにお詫びします。

I ______________________________ my comments yesterday.

(3) このエアコンはどこか調子が悪いです。

Something ______________________________.

5 次の英文を日本語に訳しましょう。

(1) Could I have another 5 minutes of your time?

____

(2) We would appreciate it if you could send us that recorder within a week.

____

(3) I cannot imagine how hard you had to work during your time as the singer's personal attendant.

____

3年の総合問題

第3回 LESSON7 ～ 8

教科書 pp.50-61

1 日本語に合う英文になるように，空所に適切な語を入れましょう。

(1) 3列に並んでお待ちください。

Please wait ＿＿＿＿＿＿ three ＿＿＿＿＿＿.

(2) あなたは試合が終わった瞬間のことを覚えていますか。

Do you remember the ＿＿＿＿＿＿ ＿＿＿＿＿＿ the game was over?

(3) その少女は長野で初めて雪を見ました。

The girl saw snow ＿＿＿＿＿＿ the ＿＿＿＿＿＿ time in Nagano.

(4) 子どもたちは楽しそうに歌いながら座りました。

The children ＿＿＿＿＿＿ ＿＿＿＿＿＿ merrily.

(5) インストラクターの資格がある人ならだれでもこの仕事に申し込めます。

＿＿＿＿＿＿ ＿＿＿＿＿＿ has instructor certification can apply for this job.

(6) 最後に，具が柔らかくなるまで数分間煮込んでください。

＿＿＿＿＿＿, boil for a few minutes ＿＿＿＿＿＿ the ingredients are tender.

2 日本語の意味に合うように，(　　)内の語句を並べかえましょう。

(1) 直進して，信号を右折してください。

(turn / and / straight / right / go) at the traffic light.

＿＿＿＿＿＿＿＿＿＿＿＿＿＿＿＿＿＿＿＿＿＿＿＿＿＿＿＿＿＿

(2) 彼は目に涙を浮かべて手紙を読んでいました。

He was reading (with / in / the letter / his eyes / tears).

＿＿＿＿＿＿＿＿＿＿＿＿＿＿＿＿＿＿＿＿＿＿＿＿＿＿＿＿＿＿

(3) カナダの面積は日本の何倍ですか。

How (larger / times / Canada / many / than / is) Japan?

＿＿＿＿＿＿＿＿＿＿＿＿＿＿＿＿＿＿＿＿＿＿＿＿＿＿＿＿＿＿

(4) A組の生徒はB組の3分の1しかいません。

The number of students in Class A (that / is / one-third / only / of / in) Class B.

＿＿＿＿＿＿＿＿＿＿＿＿＿＿＿＿＿＿＿＿＿＿＿＿＿＿＿＿＿＿

(5) あなたが以前住んでいた町に行ってみたらどうですか。

Why don't you go (where / to / you / the town / used) to live?

＿＿＿＿＿＿＿＿＿＿＿＿＿＿＿＿＿＿＿＿＿＿＿＿＿＿＿＿＿＿

(6) 祖父は壊れたおもちゃを修復することが得意でした。

My grandfather was (broken / at / repairing / good / toys).

＿＿＿＿＿＿＿＿＿＿＿＿＿＿＿＿＿＿＿＿＿＿＿＿＿＿＿＿＿＿

3 各組の文がほぼ同じ意味になるように，空所に適切な語を入れましょう。

(1) ・That is a swimming facility with a ceiling that can be opened and closed.
・That is a swimming facility ＿＿＿＿ ＿＿＿＿ can be opened and closed.

(2) ・My brother is junior to me by two years.
・I'm two years ＿＿＿＿ ＿＿＿＿ my brother.

(3) ・What I don't want most right now is to make my friends sad.
・The ＿＿＿＿ ＿＿＿＿ I want to do right now is to make my friends sad.

4 日本語に合うように，英文を完成させましょう。

(1) これは昭和時代に一般家庭で使われていた電話機です。
This is ＿＿＿＿＿＿＿＿＿＿＿＿ during the Showa era.

(2) 東京から大阪まで最速・最安値で行く方法を教えてください。
Could you tell me ＿＿＿＿＿＿＿＿＿＿＿＿ from Tokyo to Osaka?

(3) 私はこの半分の大きさのかばんを探しています。
I'm ＿＿＿＿＿＿＿＿＿＿＿＿ this one.

5 次の英文を日本語に訳しましょう。

(1) India is a country with a large population located to the east of Pakistan.

＿＿＿＿＿＿＿＿＿＿＿＿

(2) She is not good at keeping her promises, which is the main reason people don't speak well of her.

＿＿＿＿＿＿＿＿＿＿＿＿

(3) Compared to 15 years ago, the population of this village has decreased by ten percent.

＿＿＿＿＿＿＿＿＿＿＿＿

(4) Fish sleep with their eyes open because they don't have eyelids to close their eyes.

＿＿＿＿＿＿＿＿＿＿＿＿

1～3年の総合問題

第1回

1 (　　)内から適切な語句を選びましょう。

(1) I became sleepy (while / during) I was listening to music.

(2) She (will still be working / is still working) for that company five years from now.

(3) (Built / Building) with universal design, this bathroom is friendly to everyone.

(4) The boy is (ready for / about to) cry.

(5) He (has been / must have been) surprised when he was told this fact.

(6) (As long as / As far as) I know, her father is a lawyer.

2 例にならって下線部の誤りを訂正し，文全体を書き直しましょう。

(例) My father always keep my promise. → My father always keeps his promise.

(1) You had better going home early today.

____

(2) She talks about health as if she is a doctor.

____

(3) Without Ben, we're as good as lose today's match.

____

(4) This article on taxes is well worth to read.

____

(5) Did you hear your name calling?

____

(6) The hotel, where I stayed at during my school trip, will be renovated next year.

____

3 日本語に合う英文になるように，空所に適切な語を入れましょう。

(1) 日本で2番目に面積の広い県は何県ですか。

What's the ________ ________ prefecture in Japan?

(2) このタイプのノートパソコンはどんどん安くなっています。

Laptops of this type are getting ________ and ________.

(3) 水を持っていなかったら，私は死んでいたでしょう。

If I ________ not ________ water, I would have died.

(4) そういう理由で家族旅行は中止になりました。

________ ________ our family trip was cancelled.

4 次の対話文中の［　　］には，下のア～エの４つの文が入ります。意味の通る英文になるようにア～エを並べかえて，記号で答えなさい。

A: Ms. Kato, I'm Ms. Yamada, the student council president. Do the student council officers need to help them prepare for the graduation ceremony?

B: ［　　　　　　　　　　］

A: I understand. Three of the officers will work for about 80 minutes.

ア Officers who can play the piano should stay for another 20 minutes afterwards.
イ Then decorate the stage with flowers.
ウ Yes, you are supposed to line up the chairs.
エ All of this will take less than an hour.

（　　　）→（　　　）→（　　　）→（　　　）

5 （　）内の語句を並べかえて対話文を完成させましょう。

A: My dog is missing. I'm ①(know / if / anything / wondering / about / you) her.
B: I know how you feel. What does she look like?
A: She's ②(on / a small / with / white dog / her head / a ribbon).
B: Oh, Mr. Tanaka nearby is sheltering such a dog.
③(would / sure / I'm / yours / that / be).
A: I'm relieved to hear that.

① ______________________

② ______________________

③ ______________________

1～3年の総合問題

第2回

1 日本語に合う英文になるように，(　　)内に与えられた語を必要に応じて適切な形に変えましょう。ただし，1語とは限りません。

(1) 明日は土曜日ですが，この時間にはだれかがオフィスで仕事をしているでしょう。

Although tomorrow ①(be) Saturday, someone ②(work) in the office at this time.

① ______________　② ______________

(2) ミナはハッサンが1か月間剣道を学ぶことを提案しました。

Mina suggested Hassan (study) *kendo* for a month.

____

(3) 私はカルガモ(spot-billed duck)の親子が道路を横断しているところを見かけました。

I saw the spot-billed duck family (cross) the road.

____

(4) 来月でピアノを習い始めて10年になります。

Next month I (take) piano lessons for 10 years.

____

(5) あのミュージカルは2回見るほど素晴らしいものでした。

That musical was great enough (see) twice.

____

(6) 1995年より前に作られた遊具はすべて使用禁止になります。

All playground equipment ①(build) before 1995 will ②(prohibit).

① ______________　② ______________

2 各組の文がほぼ同じ意味になるように，空所に適切な語を入れましょう。

(1) ・I woke up to find that I was in the hospital.

・I woke up and ________ ________ in the hospital.

(2) ・These are the photos taken by him in Okinawa.

・These are the photos ________ ________ in Okinawa.

(3) ・If I had known you were in Tokyo, I would have come to see you.

・________ I ________ you were in Tokyo, I would have come to see you.

(4) ・She is five centimeters taller than I am.

・She is taller ________ me ________ five centimeters.

(5) ・Detroit is the city where my cousin lives.

・Detroit is the city ________ ________ my cousin lives.

3 (　　)に適するものをア〜エから選び，対話文を完成させましょう。

(1) *A:* Excuse me. Do you mind if I sit here?
B: (　　　) It's already been taken by my friend.
ア Yes, please do.　　イ No problem.
ウ Of course.　　エ I'm sorry.

(2) *A:* Andy, why didn't you come to the party yesterday? Everyone was waiting for you.
B: I was going to go, but something came up.
A: (　　　)
ア Then you should have contacted us immediately.
イ Oh, that's very kind of you.
ウ Finish it soon, and you can come.
エ OK, I'll help you.

(3) *A:* Eastwood Customer Service.
B: Hello. I am calling about a computer I bought yesterday. Something must be wrong with it.
A: (　　　)
B: It does, but it runs very slowly.
ア Would you like to return it?　　イ Did you take your medicine?
ウ Can you bring it in?　　エ Does it not start?

4 指示があればそれに従い，日本語に合うように，英文を完成させましょう。

(1) 彼女はアスリートというよりはむしろタレント(a TV star)です。

____

(2) 防犯対策(a security measure)として玄関灯(the front door light)をつけたままにしておきなさい。

____

(3) 彼はそのような単純なミスをする人ではありません。(last を使って)

____

5 次の英文を日本語に訳しましょう。

(1) It was the most beautiful singing voice I had ever heard.

____

(2) You have done this before. There is no reason why you can't do it again.

____

1～3年の総合問題
第3回

1 (　　)に適するものをア～エから選び記号で答えましょう。

(1) *A:* It's a (　　) that we have to cancel our cycling trip.
B: We have no choice. It's raining hard.
ア reason　イ pity　ウ decision　エ chance

(2) *A:* Why don't we go to a movie tomorrow?
B: I (　　) I could. I have a part-time job tomorrow.
ア think　イ hope　ウ like　エ wish

(3) *A:* Ma'am, you dropped your scarf.
B: Oh, it's (　　) of you to let me know.
ア kind　イ proud　ウ honor　エ careless

(4) *A:* I think I'll take that white one.
B: Are you sure? Look carefully at the price tag. It's (　　) 500 dollars. Too expensive.
A: Yes, but I've wanted it for a long time.
ア no more than　イ no less than　ウ at most　エ at least

(5) *A:* I lost my jacket in the park. It's only been five days since I bought it.
B: (　　) Let's go look for it together.
ア Good for you.　イ I'm happy to.
ウ That's too bad.　エ Who cares?

(6) *A:* Mom, have you seen my alarm clock? I can't find it in my bedroom.
B: I don't know where it is. What time did you set the alarm for?
A: For six thirty, exactly one hour before I leave home.
B: Then there's no problem. When the time comes, (　　). You'll know where it is.
ア I'll lend you mine　イ I'll wake you up
ウ you have to get up　エ you'll hear it go off

(7) *A:* Leslie, can I have a word? It's about your younger sister Ann.
B: Yes, Mrs. White. Did she cause you any trouble?
A: She went into my garden and trampled my flower beds.
B: (　　) It won't happen again.
ア Please accept my apologies.　イ No, it's not your fault.
ウ Glad to hear that.　エ If only you had told me a little earlier.

2 (　)内の指示に従って文全体を書き直しましょう。

(1) If you go down this road, you will reach Chinatown.　(下線部を主語にした文に)

(2) Jim is busy.　(「Linda ほど忙しくない」という意味の文に)

(3) Today I would rather bake a cake than read a book.
(prefer を使ってほぼ同じ意味の文に)

(4) Tokyo Disneyland is about eleven times the size of Tokyo Dome.
(large を使ってほぼ同じ意味の文に)

3 次の3つの項目を入れて，「子ども見守り隊」を英語で説明しましょう。

① 「子ども見守り隊(Kodomo Mimamoritai)」とは，子どもが安全に学校へ通えるように，登校中の子どもを見守る(watch over)地域のボランティアグループである。

② 見守り隊のメンバーはおそろいの上着(matching vest)，黄色が多いが，を着て通学路(school route)に立つ。

③ 彼らの活動は交通安全(traffic safety)だけでなく，犯罪(crime)を防止するのにも役立っている。

APPLAUSE
ENGLISH LOGIC AND EXPRESSION Ⅲ
Workbook

編集　開隆堂編集部
発行　開隆堂出版株式会社
　　　代表者　岩塚太郎
　　　〒113-8608　東京都文京区向丘1-13-1
　　　電話03-5684-6115（編集）
　　　https://www.kairyudo.co.jp/
印刷　株式会社大熊整美堂
販売　開隆館出版販売株式会社
　　　〒113-8608　東京都文京区向丘1-13-1
　　　電話03-5684-6118（販売）

■表紙デザイン
畑中 猛